中国社会科学院创新工程学术出版资助项目

居安思危·世界社会主义小丛书

建国后毛泽东对
中国法治建设的创造性贡献

迟方旭 ◎ 著

社会科学文献出版社
SOCIAL SCIENCES ACADEMIC PRESS (CHINA)

"居安思危·世界社会主义小丛书"总序（修订稿）

中国社会科学院原副院长

世界社会主义研究中心主任、研究员

李慎明

"居安思危·世界社会主义小丛书"既是中国社会科学院世界社会主义研究中心奉献给广大读者的一套普及科学社会主义常识的理论读物，又是我们集中院内外相关专家学者长期研究、精心写作的严肃的理论著作。

为适应快节奏的现代生活，每册书的字数一般限定在 4 万字左右。这有助于读者在工作之余或旅行途中一次看完。从 2012 年 7 月开始的三五年内，这套小丛书争取能推出 100 册左右。

这是一套"小"丛书,但涉及的却是重大的理论、重大的题材和重大的问题。主要介绍科学社会主义基本理论及重要观点的创新,国际共产主义运动中重大历史事件和重要领袖人物(其中包括反面角色),各主要国家共产党当今理论实践及发展趋势等,兼以回答人们心头常常涌现的相关疑难问题。并以反映国外当今社会主义理论与实践为主,兼及我国的革命、建设和改革开放事业。

从一定意义上讲,理论普及读物更难撰写。围绕科学社会主义特别是世界社会主义一系列重大理论和现实问题,在极有限的篇幅内把立论、论据和论证过程等用通俗、清新、生动的语言把事物本质与规律讲清楚,做到吸引人、说服人,实非易事。这对专业的理论工作者无疑是挑战。我们愿意为此作出努力。

以美国为首的西方世界的国际金融危机,本质上是经济、制度和价值观的危机,是推迟多年推迟多次不得不爆发的危机,这场危机远未见底且在深化,绝不是三五年就能轻易走出去的。凭栏静听潇潇雨,世界人民有所思。这场危机推动着世界各国、各界特别是发达国家和广大发展中国家的普通民众开始进一步深入思考。可以说，又一轮人类思想大解放的春风已经起于青蘋之末。然而，春天到来往往还会有"倒春寒"；在特定的条件下，人类社会也有可能还会遇到新的更大的灾难，世界社会主义还有可能步入新的更大的低谷。但我们坚信，大江日夜逝，毕竟东流去，世界社会主义在本世纪中叶前后，极有可能又是一个无比灿烂的春天。我们这套小丛书，愿做这一春天的报春鸟。

现在，各出版发行企业都在市场经济中弄潮，出版社不赚钱决不能生存。但我希望我们这套小丛书每册定价不要太高，比如说每本10元是否可行？相关方面在获取应得的适当利润后，让普通民众买得起、读得起才好。买的人多了，薄利多销，利润也就多了。这是常识，但有时常识也需要常唠叨。

敬希各界对这套丛书进行批评指导，同时也真诚期待有关专家学者和从事实际工作的各级领导及各方面的人士为我们积极撰稿、投稿。我们选取稿件的标准，就是符合本丛书要求的题材、质量、风格及字数。

2013 年 3 月 18 日

目录 | CONTENTS

绪 言

《关于建国以来党的若干历史问题的决议》(以下简称《决议》)指出:"毛泽东同志是伟大的马克思主义者,是伟大的无产阶级革命家、战略家和理论家",在毛泽东同志的重要"著作中包含的许多基本原理、原则和科学方法,是有普遍意义的,现在和今后对我们都具有重要的指导作用"。习近平同志在纪念毛泽东同志诞辰 120 周年座谈会上的讲话中指出:"毛泽东思想以独创性理论丰富和发展了马克思列宁主义。毛泽东思想教育了几代中国共产党人,它培养的大批骨干,不仅在新民主主义革命、社会主义革命、社会主义建设时期发挥了重要作用,也为新的历史时期开创和建设中国特色社会主义发挥了重要作用。邓小平同志说:毛泽东思想这个旗帜丢不得,丢掉了实际上就否定了我们党的光辉历史;任何时候都不能动摇高举毛泽东思想旗帜的原则,我们将永远高举毛泽东思想的旗帜前进"。

笔者认为,《决议》和习近平同志讲话中的这一论断,完全符合历史事实,是逻辑和历史相统一的表现。笔者更进一步具体地认为,作为一名伟大的马克思主义者,毛泽东是思想史上的一位集大成者,广博与具体同时成为其思想的特征。他的建树,可见于诸多学科领域,法学亦被囊括其中。在毛泽东的法学或法律思想中,最需被提及和研究的是,新中国成立后他殚精竭虑,将马克思主义基本原理与中国革命和建设的具体实际相结合,以极大的理论勇气探索新中国法治建设的理论途径和实践方向,为新中国的法治建设做出许多创造性贡献,并影响至今。今天中国法治建设中的某些理念、制度和方法及其水准,依然是毛泽东所创、所设、所达到。毛泽东在新中国成立后所作出的努力,也将继续为今后的中国法治建设提供理论营养和实践参照。或者,也可以简而言之,毛泽东创造性地解决了马克思、恩格斯、列宁和斯大林从未遇到和回答过的重大法治建设课题,即在一个缺乏民主与法治传统和经验的半殖民地半封建国家,如何创建新民主主义法治,以及如何实现新民主主义法治与社会主义法治紧密衔接、平稳过渡,并初创了依法治国的新局面。①

---

① 刘兰芳:《一本填补毛泽东思想研究空缺的好书》,《毛泽东思想研究》1991 年第 6 期,第 142 页。

但是，长期以来，特别是改革开放以来，学术界对毛泽东是否具有法学或法律思想、毛泽东是一位"人治论者"抑或为"法治论者"、毛泽东是否为中国的法治建设做出过贡献以及在肯定毛泽东对中国法治建设曾做出过贡献的前提下其功过如何评价等问题，依然存在着各种各样的争议，其形势不可谓乐观。这些争议的存在，严重地影响了或阻碍着人们对毛泽东和毛泽东思想的全面和准确的认识和评价，更令笔者担忧的是，这些争议在一小部分人中的蔓延以及长期得不到思想认识领域的彻底解决，极可能导致出现中国法治历史中的"虚无主义"，从而产生诸多贻害，并最终或者割裂中国法治建设的历史进程，或者影响中国法治建设的发展方向。

为求以正视听，并能够完整呈现毛泽东在新中国法治建设中的具体形象，笔者拟选取新中国成立后这一特定的历史阶段，就他为新中国法治建设所做出的显著的、卓越的、创造性的贡献作一简明扼要的梳理和研究。当然，毛泽东在新中国成立后为法治建设所做出的创造性贡献的呈现，并不意味着他在探索法治建设的理论途径和实践方向时没有出现过失误甚至是错误。

毛泽东向来认为,革命的目的在于"把生产关系和上层建筑加以改变,把经济制度加以改变",把"法律"等"上层建筑加以改变"。① 但改变原法律、建立新法律,其目的并不在于建立一个新的政府、一个新的生产关系,而在于发展生产。这也正如 1956 年 1 月 25 日他在最高国务会议第六次会议上所说的:"社会主义革命的目的是为了解放生产力"。② 新中国成立后,毛泽东在法治建设领域所进行的探索,也正是围绕这一主题而展开的。③

---

① 《毛泽东文集》第七卷,人民出版社,1999,第 182 页。
② 《毛泽东文集》第七卷,人民出版社,1999,第 1 页。
③ 笔者撰写本书时,最为深刻的感触是,在新中国成立之后的很长一段时间内,法治建设应当服从于生产力的解放和发展一直都是毛泽东法律思想的主题线索,就连 1959 年 9 月 14 日即新中国成立十周年前夕,毛泽东在写给全国人大常委会《关于特赦一批罪犯的建议》中,就"特赦一批确实已经改恶从善的战争罪犯、反革命罪犯和普通刑事罪犯"的原因进行解释时,还尤为强调此举"化消极因素为积极因素"的重大意义。见《毛泽东文集》第七卷,人民出版社,1999,第 1 页。

一　宪法领域:起草第一部宪法草案

　　毛泽东与宪法有着不解之缘,宪法对毛泽东而言也意义重大。早在 20 世纪 20 年代,毛泽东在湖南"省宪运动"中就曾倡导制定一部反映民意的省宪法。学者们通常认为,恰恰是毛泽东要求出台一部反映民意的省宪法,才使得他与同时代其他的革命人士,以及与以前的自己相区别开来,由此他完成了向马克思主义法律观的转变。青少年时期宪法思想的转化,不仅表征着毛泽东历史唯物主义法学世界观的诞生,而且在他以后的革命和建设生涯中,宪法、宪法性文件的拟定及其宪法思想始终都是毛泽东法治实践和法律思想中最丰富、最具代表性的一部分。如在新中国成立之前,他亲自领导和直接参与拟定了 1931 年《中华苏维埃共和国宪法大纲》、1931 年《陕甘宁边区抗战时期施政纲领》、1941 年《陕甘宁边区施政纲领》、1946 年《陕甘宁边区宪法原则》和1949 年《中国人民政治协商会议共同纲领》等;同时,他还是新民主主义宪政的伟大开拓者和指导者。[①] 在新中国成立以后,最值得大书而特书的,便是他亲自起草了新中国第一部宪法草案,即 1954 年宪法草案。1954 年宪法是毛泽东亲自领导并自始至终参与制定的新中国第一部宪法,其中凝聚了毛泽东的政治智慧,体现了毛泽东的宪法思想,他在制定 1954 年宪法过程中所做的重要贡献在中国民主政治建设进程中是功不可没的,甚至有人因此而将他比作中国的华盛顿。[②]

1. 起草第一部宪法草案的历史背景

新中国成立以后,随着国民经济的恢复和大规模经济建设的到来,进一步加强政治建设的任务,便提到日程上来。任务主要是两项,一是召开全国人民代表大会,二是制定宪法。[③]

众所周知,新中国成立前夕所制定的《共同纲领》在新中

---

① 侯愚、刘娟:《毛泽东对中国宪法学说的贡献》,《河北师范大学学报(社会科学版)》1994 年第 3 期,第 1 页。

② 薛剑符:《社会主义民主政治视野下的五四宪法研究》,东北师范大学博士学位论文,第 16 页。

③ 逢先知、金冲及:《毛泽东传(1949～1976)》(上),中央文献出版社,2003,第 308 页。

国成立以后扮演着临时宪法的角色,是当时我国的"根本大法",①并起到了重大的作用,但其毕竟只是一部具有临时和过渡性质的法律文件。毛泽东意识到,健全的国家政治体制在新中国成立后尤其是在国民经济恢复取得一定成绩后,已经成为一项日益迫切的工作,也成为他那时政治工作的核心。毛泽东在1953年1月13日下午的中央人民政府委员会第二十次会议上作总结讲话时明确提出,"为了发扬民主,为了加强经济建设,为了加强反对帝国主义的斗争,就要办选举,搞宪法"。② 于是起草新中国第一部宪法草案的工作便在他的直接领导和亲自参与下紧锣密鼓地开展起来了。

2. 起草第一部宪法草案的具体过程

1952年11月,中共中央决定制定宪法;12月1日,经毛泽东审定,中共中央下发了《关于召开党的全国代表会议的通知》(简称《通知》),《通知》认为当时召开全国人民代表大会和制定宪法的条件已经具备;12月24日,第

---

① 逄先知、冯蕙:《毛泽东年谱(一九四九——一九七六)》(第二卷),中央文献出版社,2013,第156页。

② 逄先知、冯蕙:《毛泽东年谱(一九四九——一九七六)》(第二卷),中央文献出版社,2013,第9页。

一届全国政协常委会第四十三次会议接受了中共中央起草宪法的提议;1953年1月1日,《人民日报》发表元旦社论,社论将"通过宪法"列为1953年的"伟大任务"之一;1月11日,毛泽东召集党外人士座谈会,专门征求了党外人士对宪法制定问题的意见和建议;1月13日下午,在中央人民政府委员会第二十次会议上,毛泽东又对1月11日座谈会上党外人士就宪法制定所存顾虑和所提问题进行了解释和说明,也正是在此次委员会会议上,毛泽东根据委员会的决定,担任中华人民共和国宪法起草委员会主席一职,这使得他直接领导并亲自参与了第一部宪法草案的起草工作;12月24日,刚刚审定完过渡时期总路线的毛泽东,带领宪法起草委员会的部分成员赶赴杭州,开始了长达七个月(集中的时间约为两个月)的"封闭式"宪法起草工作。

由于有了毛泽东的亲自领导和直接参与,新中国第一部宪法草案的起草工作非常顺利:1953年6月6日晚,在中南海颐年堂召集刘少奇、朱德等人开会,商谈宪法问题;[1]

---

① 逄先知、冯蕙:《毛泽东年谱(一九四九——一九七六)》(第二卷),中央文献出版社,2013,第110页。

1953 年 12 月 15 日,在中南海颐年堂召开中共中央书记处扩大会议,讨论宪法的起草问题;①1953 年 12 月 24 日,乘专列离开北京前往杭州,正式主持起草宪法草案;1954 年 1 月 9 日,正式开始主持宪法起草小组的起草工作,起草工作正式开始;2 月 17 日,完成初稿;2 月 24 日,"二读稿"完成;2 月 26 日,"三读稿"完成;2 月 28 日和 3 月 1 日,中央政治局扩大会议讨论"三读稿";②3 月 9 日,"四读稿"出现;3 月 12 日、13 日和 15 日,中央政治局扩大会议讨论"四读稿"。此外,在 3 月初,毛泽东还完成了《宪法草案初稿说明》;3 月 17 日,毛泽东回京,当日召开宪法起草委员会会议,讨论修改"四读稿";3 月 23 日,毛泽东主持宪法起草委员会第一次会议,讨论《中华人民共和国宪法草案(初稿)》;5 月 27 ~ 31 日,宪法起草委员会连续召开四次会议,继续讨论草案,并形成了《中华人民共和

① 逄先知、冯蕙:《毛泽东年谱(一九四九——一九七六)》(第二卷),中央文献出版社,2013,第 208 ~ 209 页。
② 在这次会议上,周鲠生和钱端升被聘为宪法起草委员会的法律顾问,叶圣陶和吕叔湘被聘为语言顾问,董必武、彭真和张际春被指定根据会议修改意见对宪法草案"三读稿"进行具体修改。

国宪法草案(修正稿)》;6月8日,宪法起草委员会第六次会议召开,讨论修订稿;6月11日,毛泽东主持宪法起草委员会第七次会议,讨论通过了该修订稿;6月14日,毛泽东主持召开了中央人民政府委员会第三十次会议,讨论通过了《中华人民共和国宪法草案》和《关于公布中华人民共和国宪法草案的决议》;9月8日,毛泽东主持召开宪法起草委员会第八次会议,对宪法草案作最后一次讨论修改,这时距第一届全国人大第一次会议的召开只有七天了;9月14日,即第一届全国人大第一次会议召开的前一天,毛泽东又主持召开了中央人民政府委员会临时会议,对第二天即将提交的宪法草案进行了最后一次审议。到了9月20日,第一届全国人大第一次会议对宪法草案进行投票表决,出席会议的代表共计1197人,其中赞成票为1197票,反对票和弃权票均为零票。这样,载有全民族愿望,也载有毛泽东个人极大心血的《中华人民共和国宪法》终于诞生了。

在这长达七个月的宪法草案起草工作中,毛泽东可谓专心致志、呕心沥血。

第一,毛泽东为起草宪法草案,特意将自己的其他工作调开，专门设定相当长的时间在固定场所专心起草宪法草案，地点被固定在杭州，"封闭式"起草长达七个月，而且往往"一干就是一个通宵"。①

第二，毛泽东阅读和研究了世界各国的宪法文本或宪法学书籍，为起草宪法积累了丰富的理论资源。如外国宪法中的苏联（包括苏俄）宪法、罗马尼亚宪法、波兰宪法、德国宪法、捷克宪法、法国宪法等；旧中国宪法中的1913年天坛宪法草案、1923年曹锟宪法草案、1946年蒋介石宪法，甚至还包括一些旧中国的宪法性法律文件，如民国元年的《中华民国临时约法》、蒋介石的《中华民国训政时期约法》以及更早的清廷贵族的《十九信条》。② 对于上述参考文件和资料，毛泽东不仅进行了细致的阅读和研究，还建议中央政治局委员和在京的中央委员也进行阅看。当时，某杂志刊载了一篇从苏联法学杂志上翻译过来的关于1936年苏联宪法草案全民讨论情况的文

---

① 浙江省委党史研究室：《毛泽东与浙江》，中央党史出版社，1993，第5页。

② 逢先知、金冲及：《毛泽东传（1949～1976）》（上），中央文献出版社，2003，第317～320页。

章。"对这篇文章毛泽东看得很仔细,用钢笔划了许多他认为重要的地方,有的地方划了两道,还加上了圈。他对苏联全民讨论中关于宪法草案公民基本权利义务和国家机构部分提出意见数量的百分比特别注意,划了好几条黑线","当时毛泽东是十分认真的"。① 不仅如此,在1954年7月1日,毛泽东还把《政法研究》编辑部编译的《苏联宪法草案的全民讨论》一文,批送给刘少奇、朱德、邓小平、李维汉和彭真阅读,并批示"此件值得一看"一语,同时又将此文批示给田家英阅读。②

第三,毛泽东亲自起草了宪法草案的大部分条文。1954年3月23日在宪法起草委员会第一次会议上,参与宪法起草的工作人员介绍说:"宪法草案的内容,是根据中共中央和毛主席的指示而写成的。中共中央指定了一个宪法起草小组,这个小组,是在毛主席的亲自领导下和

---

① 董成美:《制定我国1954年宪法若干历史情况的回忆——建国以来法学界重大事件研究(三十)》,载《法学》2000年第5期,第3~4页。
② 逄先知、冯蕙:《毛泽东年谱(一九四九——一九七六)》(第二卷),中央文献出版社,2013,第255页。

亲自参加下进行工作的。宪法草案的每一章、每一节、每一条,毛主席都亲自参加了讨论"。①

第四,毛泽东亲自拟定了起草宪法的工作步骤,如初稿的完成时间、初稿复议的完成时间、政治局对宪法草案初步讨论和讨论通过的时间、宪法小组的讨论时间等,这些工作步骤均由毛泽东不厌其详地亲自确定下来,由此保证了宪法起草工作的连续和效率。毛泽东对宪法起草工作步骤的精密要求,笔者摘录他于1954年2月17日给刘少奇并中共中央书记处各位同志的一份电报便可见一斑。他在该封电报上说:"现将宪法初稿(五份)派人送上,请加印分送政治局及在京中委各同志,于二月二十日以后的一星期内开会讨论几次,将修改意见交小平、维汉二同志带来这里,再行讨论修改(约七天左右即够)。然后,再交中央讨论,作初步决定(仍是初稿),即可提交宪法起草委员会讨论。因此,小平、维汉原定二十日动身来此的计划,可推迟到月底动身。送初稿的人明(十八)日

---

① 逄先知、冯蕙:《毛泽东年谱(一九四九——一九七六)》(第二卷),中央文献出版社,2013,第227页,注释[1]。

动身,二十日可到北京"。①

**3. 毛泽东起草新中国第一部宪法草案时对其立法内
容所做出的创造性贡献**

在此过程中,毛泽东的亲自领导和直接参与可谓事
无巨细,他对宪法草案的立法内容所做出的创造性贡献,
以下事例,可兹为证。

第一,为 1954 年宪法确定"过渡"的性质。毛泽东认
为,1954 年宪法,是一部过渡时期的宪法。在 1954 年 3
月 23 日宪法起草委员会的第一次会议上,他对宪法的
"过渡"性质进行了通俗易懂的界定和解释,他说:"这个
宪法,是以《共同纲领》为基础,加上总路线,是过渡时期
的宪法,大概可以管十五年左右。我们的宪法是过渡时
期的宪法,我们的各种办法大部分是过渡性质的。人民
的权利,如劳动权、受教育权等,是逐步保证,不能一下子
保证。我们的选举,也是过渡性质的选举,普遍算是普遍
了,但也有限制,地主没有选举权,也不完全普遍。我们

---

① 逄先知、冯蕙:《毛泽东年谱(一九四九——一九七六)》(第二卷),
中央文献出版社,2013,第 221~222 页。

只有基层选举是直接的,其余都是间接的。总之,我们的办法不那么彻底,因为是过渡时期。人民的权利和义务,也有过渡时期的特点"。①

第二,对革命的性质作出更加准确的表达。1954 年11 月中旬,毛泽东先后审阅宪法草案初稿、二稿、第一次修正稿,并提出多处修改和作出多处批注。如将序言首句"中国人民经过了一百多年的英勇奋斗,终于在一九四九年取得了人民革命的伟大胜利"中的"人民革命"改为"推翻帝国主义、封建主义和官僚资本主义"。将"伟大的十月社会主义革命"改为"伟大的俄罗斯十月社会主义革命"。在"八万万以上的自由人民"之前,加写"苏联、中国和各人民民主国家共有"十四个字。

第三,为国家机关的性质及其职权作了科学界定。1954 年3 月20 日或21 日,毛泽东审阅修改了《中华人民共和国宪法草案(初稿)》的三月十八、十九日讨论修改稿。他在审阅关于全国人大常委会职权部分的时候,

---

① 逄先知、冯蕙:《毛泽东年谱(一九四九——一九七六)》(第二卷),中央文献出版社,2013,第228 页。

15

在"通过和发布具有法律效力的决议和条例"条款旁注："此处不写'发布'为宜，免与主席职权分歧"；在"批准和废除同外国缔结的条约"条款旁批："此条应采纳周鲠生意见。"关于国家主席职权部分，在"主席因故临时离开职务时"和"由中华人民共和国副主席代行主席的部分职权"之间加写："或者受主席委托时"。关于国家主席召开最高国务会议的条款，讨论中提出两个方案，其一是"在必要时召集中华人民共和国副主席、国务院总理和其他有关人员举行最高国务会议"，其二是"在必要时召集有关人员举行最高国务会议"，毛泽东在前一方案旁批："较妥"。关于检察机关的职权，将其中一款"对政府机关、国家机关工作人员和公民的犯罪行为，行使检察权"中的"犯罪行为"一词改为"犯法行为"。[①] 对初稿第十一条第二款"任何个人的私有财产不得用以反对和损害公共利益"，毛泽东批注："宜单列一条"。第一次修正稿第三十二条对全国人民代表大会行使罢免权的

---

① 逄先知、冯蕙：《毛泽东年谱（一九四九——一九七六）》（第二卷），中央文献出版社，2013，第 226~227 页。

规定中,没有罢免国家主席的内容,毛泽东批注:"国家主席的罢免"。对第一次修正稿的国务院一节(含第三十七至第四十条),毛泽东批注:"主席有交议权,最高会议决议的性质"。[①]

　　第四,为外交、经济、军事等基本制度作了准确定性。1954年9月8日,毛泽东审阅修改准备提交9月9日中央人民政府委员会第三十四次会议讨论的《中华人民共和国宪法草案》时,在序言部分,将"我们根据平等、互利、相互尊重领土主权完整的原则同任何国家建立和发展外交关系的政策"中的"相互尊重领土主权",改为"相互尊重主权和领土完整"。在第一章总则部分,将第五条中的"中华人民共和国的生产资料所有制现在有下列各种",改为"中华人民共和国的生产资料所有制现在主要有下列各种"。将第二十条"中华人民共和国的武装力量属于人民,它的任务是保卫人民革命和国家建设的成果,保卫国家的安全和领土主权的完整"中的"保卫国家的安全和

---

　　① 逄先知、冯蕙:《毛泽东年谱(一九四九——一九七六)》(第二卷),中央文献出版社,2013,第218~219页。

领土主权的完整”,改为“保卫国家的主权、领土完整和安全”。①

4. 毛泽东起草新中国第一部宪法草案时对其立法技术所做出的创造性贡献

毛泽东对第一部宪法草案的立法技术，包括但不限于语言，都有着精益求精的要求。笔者选取以下事例，用以证明他对宪法草案的立法技术亦有创造性的贡献。

第一，1954年2月25日，宪法起草小组改出《中华人民共和国宪法草案（初稿）》“三读稿”。“三读稿”说明中写道：“这个修正草稿较二读稿已作了很多修改（主要是根据主席指示）”。“除内容上的若干修改外，这些修正，根据主席指示，特别把许多可以避免应当避免的文言字句改掉，力求通顺”。②

第二，1954年3月20日或21日，毛泽东审阅修改了《中华人民共和国宪法草案（初稿）》的三月十八、十九日

讨论修改稿。他所作出的修改具体如下:"副主席受委托得代行主席部分职权此点必须加入。除'同时'外,所有的'时'均改为'的时候'。"在"序言"部分,将"土地改革"改为"土地制度的改革","镇压反革命"改为"镇压反革命分子",并批注:"'土地改革'不成文,应加'制度的'。'镇压反革命'下加'分子'"。①

第三,1954 年 3 月 23 日下午,毛泽东在中南海勤政殿主持召开中华人民共和国宪法起草委员会第一次会议时,专门就宪法草案的文字风格谈了自己的理解。他总的想法是,宪法草案的文字应尽量通俗、便于群众掌握,他说:"把什么什么'时'都改为'的时候'。讲话一般不说'我们在讨论宪法时',而说'我们在讨论宪法的时候'。'为'字老百姓不懂,都改成了'是'字。什么什么'规定之','之'字在一句话的末尾,只是重复了上面的,毫无用处,也都去掉了。也许还有改得不彻底的地方,还可以改"。②

① 逄先知、冯蕙:《毛泽东年谱(一九四九——一九七六)》(第二卷),中央文献出版社,2013,第226~227页。

② 逄先知、冯蕙:《毛泽东年谱(一九四九——一九七六)》(第二卷),中央文献出版社,2013,第229~230页。

第四，关于"中央人民政府"和"国务院"哪个提法更好，毛泽东是这样向党外民主人士解释的："'中央人民政府'的名字不要了，太长了。这是上次会议议的，也是反复了几次。初稿是'国务院'，后来改做'中央人民政府'，最后又改回来叫'国务院'。按照外国的习惯，一个国家只有一个政府。我们现在的政府多得很，省、县、乡都叫政府，现在宪法草案上规定都改叫'人民委员会'。我们大家研究了一下，觉得这样可以。全国只有一个政府，即国务院"。[①]

第五，当他反复阅读至全国人大职权中"决定战争与和平"一项时，建议修改为"决定战争和和平"，即以"和"代替"与"字，从而更准确地表述出全国人大的此项职权内容。到制定1982年宪法的时候，有人提出"决定战争和和平"一语中存在两个"和"字，读起来觉得拗口，因此提议修改为"决定战争与和平"，但经过大家的讨论，大家一致认为使用"决定战争和和平"的提法更科学，因此便

---

① 逄先知、冯蕙：《毛泽东年谱（一九四九——一九七六）》（第二卷），中央文献出版社，2013，第249页。

保留了当年毛泽东所建议修改后的条款表述。① 这正如毛泽东在 1954 年 6 月 14 日《关于中华人民共和国宪法草案》的讲话中所说的那样："有人说,宪法草案中删掉个别条文是由于有些人特别谦虚。不能这样解释。这不是谦虚,而是因为那样写不适当,不合理,不科学。在我们这样的人民民主国家里,不应当写那样不适当的条文。不是本来应当写而因为谦虚才不写。科学没有什么谦虚不谦虚的问题。搞宪法就是搞科学"。将立法一方面视为一种政治活动,另一方面又将其看作是一项科学活动,②的确贯穿了毛泽东对新中国第一部宪法草案的起草过程之中。

此外,毛泽东不但注重对 1954 年宪法草案的修改,而且还对《关于中华人民共和国宪法草案的报告(草稿)》作出多次批示和多处修改,囿于篇幅的限制,此处不再一

① 董成美:《制定我国 1954 年宪法若干历史情况的回忆——建国以来法学界重大事件研究(三十)》,载《法学》2000 年第 5 期,第 3 页。

② 王志坚:《历史地看待毛泽东的法治思想》,载《党史文苑》2007 年第 12 期,第 30 页。

一赘述。

5. 起草第一部宪法草案的历史意义

新中国第一部宪法诞生的伟大历史意义。在毛泽东看来,可以总结为两条:第一,它"总结了历史经验,特别是最近五年的革命和建设的经验"①,由于宪法是社会主义性质的,使得它比以前的中国的或外国的宪法更先进、更优越。第二,它"结合了原则性和灵活性"②,所谓原则性是指它坚持了民主原则和社会主义原则,所谓灵活性是指它兼顾了当时国家经济生活和政治生活的实际,当时"能实行的""就写","不能实行的就不写"。③

毛泽东对这部宪法有一个定性,他认为这部宪法"是社会主义类型的宪法,但还不是完全社会主义的宪法,它是一个过渡时期的宪法"④。这部宪法的目的是"团结全国人民",⑤"团结一切可以团结和应当团结的力量,为建设一个

① 《毛泽东文集》第六卷,人民出版社,1999,第325页。
② 《毛泽东文集》第六卷,人民出版社,1999,第326页。
③ 《毛泽东文集》第六卷,人民出版社,1999,第327页。
④ 《毛泽东文集》第六卷,人民出版社,1999,第329页。
⑤ 《毛泽东文集》第六卷,人民出版社,1999,第350页。

伟大的社会主义国家而奋斗。"①后来的历史实践证明,毛泽东对这部宪法的定性是正确的,宪法的目的也得到了完全的实现。而毛泽东个人对这部宪法亦是珍视有加,也成了遵守宪法的模范,他在处理很多问题时都明确地表示过,凡事皆有底线,而"宪法就是底"②。需要指出的是,毛泽东对待宪法的态度,与他对待《共同纲领》的态度完全保持一致。他在新中国成立后宪法颁行之前曾讲过:"我们有伟大而正确的《共同纲领》以为检查工作讨论问题的准则。《共同纲领》必须充分地付之实行,这是我们国家现时的根本大法"③。

6. 1954 年宪法是毛泽东长期宪法理论思考和宪法实践的结晶

需要特别给予说明的是,1954 年宪法是党和毛泽东在长期革命实践中不断思考、总结宪法实施的经验教训的结晶,绝不是他个人在短短几个月的时间里"闭门造车"的产物。

---

① 《毛泽东文集》第六卷,人民出版社,1999,第 330 页。
② 《毛泽东文集》第六卷,人民出版社,1999,第 358 页。
③ 逄先知、冯蕙:《毛泽东年谱(一九四九——一九七六)》(第一卷),中央文献出版社,2013,第 156 页。

首先,在 20 世纪 20 年代的建党初期,党先后制定和提出《中共中央第一次对于时局的主张》和《第二次全国代表大会宣言》。前者针对时局提出了十一项基本原则,后者则提出了党的最高纲领和最低纲领。这两个文献是党在国民革命时期的行动指南,涵盖了这一时期党的宪法思想。其中,反帝反封建民主革命纲领的确定,"真正民主共和国"口号的提出,人民享有各项权利的保障要求,标志着新民主主义宪法思想已处于萌芽状态。其次,在土地革命时期,顺应各地苏维埃政权纷纷建立和中华苏维埃共和国创建的趋势,《中华苏维埃共和国宪法大纲》应运而生,这是一个工农民主共和国的政治方案,蕴含并发展了建党初期的党的宪法思想。它是新民主主义宪法思想在土地革命阶段的集中体现,是中华苏维埃共和国所遵循的最高宪法原则。再次,在抗日战争时期,随着抗日战争的全面爆发,在坚持和推动抗战的前提下,党提出了以"改革政治机构"、"召集真正人民代表的国民大会,通过真正的民主宪法"为核心内容的政治纲领。毛泽东审阅或撰写的《中央关于推进宪政运动的第二次指示》、《新民主主义论》、《新民主主义宪政》、《抗日根据地的政权问题》等,分析了中国革命的性质和特点,规划和提出了新民主主义国家的政治图景,特别是在边区《陕甘宁边区施政纲领》的宪法实践,标志着毛泽东新民主主义宪法思想开始接受实践的检验,并逐渐趋于成熟。总之,经历了国民革命、土地革命、抗日战争、解放战争的洗礼,以毛泽东为首的中国共产党人对中国革命的由来和发展有了更为深刻的规律性认识,也逐渐形成了较为系统的新民主主义宪法思想。经过中国人民政治协商会议第一届全体会议的磋商酝酿,新民主主义宪法思想作为核心内容构成了《中国人民政治协商会议共同纲领》。《共同纲领》关于国家性质、政权的组织形式及人民权利的规定,建构了新民主主义共和国的基本制度框架,使工人、农民、小资产阶级、民族资产阶级等各个阶级的正当利益都得到了确认和保障,成为各革命阶级、阶层团结奋斗的政治基础,这是新中国宪法理论内容和结构框架的一个初步体现,对1954年宪法的形成产生了直接的理论奠基作用。

二 刑事法领域:创制"死缓"制度

死缓制度作为一项特别的刑罚执行制度,无疑是我国对世界刑事法学的一大贡献,我国1979年《刑法》和1997年现行《刑法》都对死缓制度做了明确的规定。死缓制度诞生以来的司法实践表明,无论过去还是现在,死缓这一我国独创的刑罚执行制度都具有极其重要的意义。首先,死缓对严格控制死刑适用具有重要意义。死缓使原来应当紧密联系在一起的判决和执行有了一定期限的缓冲,使我国刑法中的死刑并不是决定的死刑,而是有一定的伸缩余地,在"死"中增加了"生"的因素。其次,死缓对体现区别对待政策有着重大的意义。在死缓制度中,充分体现出犯罪分子所犯罪行的性质、情节及社会危害程度的不同,应根据不同情况,判处不同的刑罚,有的必须立即处死,有的不需要立即处死,可以判处死刑缓期二年执行。最后,死缓制度对促进犯罪分子改造也有着重大的意义。死缓作为从属死刑的刑罚执行制度,是对犯罪分子最后的也是最严厉的警告。死缓的特点就在于判处死刑却又不立即执行,而是缓期二年执行,强迫劳动,以观后效,给犯罪分子以最后的机会,或生或死,做出抉择。这就是说,死缓最后的处理结果完全取决于犯罪分子本人,犯罪分子只有认罪服法,认真改造,才是唯一的出路,如果抗拒改造,执迷不悟,只能是咎由自取,死路一条。①

从称谓角度考察,死缓制度最早可以追及到新民主主义革命时期的"死刑缓刑"制度。1930 年 11 月 8 日,中共中央发出第 185 号决议,即《政治局关于苏维埃区域惩办帝国主义者的办法的决议》(以下简称《决议》)。该《决议》载有四种刑罚,分别是:(1)罚款;(2)没收财产;(3)监禁和苦役;(4)非常刑罚(死刑)。其中对"非常刑罚(死刑)"又强调"但得缓刑若干时间,暂时监禁"(《决议》第二条)。《决议》之所以决定对帝国主义者(外国商人教士等)判处死刑,当然是因为他们"企图领导当地反动残余阴谋反对苏维埃政府,或者响应进攻红军之国民

---

① 高铭暄:《刑法学原理》(第三卷),中国人民大学出版社,2005,第548~550 页。

党地主的武装";同时,对帝国主义者判处死刑但暂时监禁,还具有特别的功效:与国民党各地政府所抓捕的共产党员和赤色工会会员等相交换。该《决议》具体要求说:"反革命犯罪之外人,受监禁处分或非常刑罚(死刑)处分而缓刑者,可以依'交换俘虏'的惯例,向国民党各地政府(南京、上海、南昌、武汉等)或帝国主义政府(如上海工部局政府、香港英督府)提出释放之条件,即指明国民党政府应将某监狱中之革命'罪犯'(共产党员,赤色工会会员等)释放,限期妥送至苏维埃区域后,则苏维埃政府将释放反革命罪犯外人某某一名或某某等若干名。此等罪犯罪名应即更公布电达外界"(《决议》第三条)。

毛泽东是在镇压反革命运动中创造性设置死缓这一刑罚制度的。

1. 创制死缓制度的历史背景——镇压反革命运动

新中国成立后,国民党反动派败逃台湾,在大陆上留下一大批反革命分子。有的上山为匪,有的潜伏下来,有的还骑在人民头上继续为非作歹。他们不甘心失败,无时无刻不在利用一切可能的机会,向人民和人民政府进攻,企图推翻新生的人民政权。朝鲜战争爆发后,反革命分子的活动明显地猖獗起来。1950年9月15日，美军在朝鲜仁川登陆，反革命分子以为第三次世界大战即将爆发，美国人就要打到鸭绿江来，蒋介石反攻大陆的时机已到，便纷纷在各地进行破坏活动。这些暗藏的反革命分子破坏工程、铁路、仓库，破坏抗美援朝的军运工作和经济建设。他们杀人放火，烧毁民房，抢劫粮食、财物，制造大规模的社会混乱。他们甚至袭击、围攻县、区、乡人民政府，残杀革命干部和积极分子。1950年这一年，在新解放区有近四万名干部和群众被反革命分子杀害，其中仅广西就有三千多名干部被杀害。美国情报机构也派遣特工人员潜入我国内地，积极发展组织，刺探情报，并企图暗杀中国领导人。基于此，为伸张民气，巩固政权，必须大张旗鼓地进行一场镇压反革命的运动。这是不可避免的，是同国民党反动派斗争的继续。1950年10月10日，中共中央向各级党委发出了《关于镇压反革命活动的指示》，揭开了大规模镇压反革命运动的序幕。① 1951年2

①　逄先知、金冲及：《毛泽东传（1949～1976）》（上），中央文献出版社，2003，第191～192页。

月 21 日,中央人民政府公布了毛泽东审定的《中华人民共和国惩治反革命条例》,使镇反运动有了法律依据和统一的量刑标准。该条例共规定了十一种反革命犯罪情形,[①]凡情节重大的,皆可以判处死刑。但由于其中死刑遍及各种犯罪情形,条文简略且稍显粗糙,情节重大与情节较轻之间缺乏具体的区分标准和量化依据,这为以后扩大镇反范围等"左"的偏向的出现,埋下了伏笔。

2. 毛泽东在镇反运动中的慎刑政策

在镇压反革命活动的工作中,党中央和毛泽东所确定的政策和方针分别是"对反革命分子实行镇压与宽大相结合的政策"和"打得又准、又稳、又狠的方针",不难看出,这其中便先天地蕴含着毛泽东慎刑的刑事政策思想,从思想认识角度观察,他对死缓制度的

---

① 这十一种反革命犯罪情形分别是:(1)勾结帝国主义背叛祖国;(2)策动、勾引、收买公职人员、武装部队或民兵进行叛变;(3)持械聚众叛乱;(4)间谍或资敌行为;(5)参加反革命特务或间谍组织;(6)利用封建会门进行反革命活动;(7)以反革命为目的,策划或执行破坏、杀害行为;(8)以反革命为目的的挑拨或煽惑;(9)以反革命为目的的偷越国境;(10)聚众劫狱或暴动劫狱;(11)窝藏、包庇反革命罪犯。

创设深刻地根植于其慎刑思想。伴随着镇压反革命活动的工作的纵深开展，尤其是一些"左"的偏向的出现，毛泽东的慎刑思想便更加突出地表现出来了，具体表现如下。

第一，关于应杀的标准和范围。已如上述，镇压反革命分子工作的方针是"打得稳、打得准和打得狠"。用毛泽东自己的话来解释，"所谓打得稳，就是要注意策略。打得准，就是不要杀错。打得狠，就是要坚决地杀掉一切应杀的反动分子（不应杀者，当然不杀）"。① 在这里，毛泽东虽然强调"不应杀者，当然不杀"，坚决要杀掉的是"应杀的反动分子"，但对区分应杀和不应杀的标准并未给予明确的界定和说明。后来，他逐渐将应杀和不应杀的标准明确下来，同时也将杀的范围做了清晰的界定。

1951 年 1 月 21 日，毛泽东复电中共上海市委并告饶漱石和陈毅，指明应杀的反动分子是"真正罪大恶极的反

---

① 逄先知、冯蕙：《毛泽东年谱（一九四九——一九七六）》（第一卷），中央文献出版社，2013，第 283 页。

革命分子"①;1 月 22 日,毛泽东复电叶剑英等人并告中共中央华南局,在该电中,毛泽东认为应判处死刑的反革命分子是"与剿匪有关的匪首、恶霸、大特务"和"与剿匪无关的反革命重要分子";②1 月 24 日,毛泽东为转发中共中央华东局于 1 月 22 日关于镇反工作应注意的问题给福建省委的指示电,起草给各中央局负责人的批语,在该批语中,毛泽东提出"应当放手杀几批"的是"匪首、惯匪、恶霸及确有证据的重要特务和会门头子"。1 月 29 日,毛泽东复电张云逸等人并告中南军区、广东省军区和华东军区,他指出应"严厉镇压反革命",应"大杀几批匪首、惯匪、恶霸及罪大的会门头子与特务分子";2 月 3 日,毛泽东为转发中共中央山东局 2 月 5 日关于镇反工作的报告,起草给薄一波等人并告饶漱石及山东分局的批语,在批语中,毛泽东再次提到"应杀之均杀之"③。2 月 26

---

①　逢先知、冯蕙:《毛泽东年谱(一九四九——一九七六)》(第一卷),中央文献出版社,2013,第 285～286 页。

②　逢先知、冯蕙:《毛泽东年谱(一九四九——一九七六)》(第一卷),中央文献出版社,2013,第 286 页。

③　逢先知、冯蕙:《毛泽东年谱(一九四九——一九七六)》(第一卷),中央文献出版社,2013,第 300 页。

日,毛泽东就继续剿匪问题,致电叶飞等人并告陈毅和饶漱石。在该电中,毛泽东指示"一切为人民所痛恨的匪首、惯匪及恶霸",在人民同意的前提下,应"坚决迅速地处以死刑";[1]2 月 28 日,毛泽东为转发西南军区党委 2 月 15 日关于镇反工作的报告,起草给各大军区并告西南军区负责人及党委的批语,在该批语中,毛泽东经分析认为"有些罪大的从犯应判死刑,不在胁从不问之列";[2]4 月 2 日,毛泽东为转发中共北京市委关于大张旗鼓经过群众进行镇反的报告,起草给各中央局并转发地委一级的批语,在该批语中,毛泽东提出"判死刑者,必须是罪重者"。[3] 4 月 30 日,毛泽东为转发中共中央西南局关于镇反问题的指示,起草给各中央局并转分局、省委、大中城市市委的批语,他在批语中提出:"凡有血债或其他重大

① 逄先知、冯蕙:《毛泽东年谱(一九四九——一九七六)》(第一卷),中央文献出版社,2013,第 308 页。
② 逄先知、冯蕙:《毛泽东年谱(一九四九——一九七六)》(第一卷),中央文献出版社,2013,第 309 页。
③ 逄先知、冯蕙:《毛泽东年谱(一九四九——一九七六)》(第一卷),中央文献出版社,2013,第 323 页。

罪行非杀不能平民愤者,应坚决杀掉,以平民愤而利生产"。① 5 月 8 日,毛泽东为中共中央起草关于对犯有死罪的反革命分子应大部采取判处死刑缓期执行政策的决定,在该决定中,毛泽东提到"凡应杀分子,只杀有血债者,有引起群众愤恨的其他重大罪行例如强奸许多妇女掠夺许多财产者,以及最严重地损害国家利益者"。② 5 月 31 日,毛泽东为转发邓子恢关于城市工作的报告,起草给各中共中央局、分局负责人并转各省市区党委的批语,在批语中毛泽东提出在工厂、矿山、码头和街道中,应给反革命分子以必要的打击,其中,对"最严重者予以处决"。③ 6 月 15 日,毛泽东为转发中共中央华北局 6 月 12 日关于通县传达贯彻死缓情况的报告,起草给各中央局并转发至县委一级的批语,在该批语中,毛泽东解释道:"对于负有血债或有其他重大罪行人民要求处

① 逄先知、冯蕙:《毛泽东年谱(一九四九——一九七六)》(第一卷),中央文献出版社,2013,第 332 页。
② 逄先知、冯蕙:《毛泽东年谱(一九四九——一九七六)》(第一卷),中央文献出版社,2013,第 336 页。
③ 逄先知、冯蕙:《毛泽东年谱(一九四九——一九七六)》(第一卷),中央文献出版社,2013,第 352 页。

死的罪犯而不处死"是错误的做法。[①] 8 月 15 日,毛泽东审阅罗瑞卿 8 月 14 日报送的《关于镇压反革命工作的报告》,对该报告中所提出的"应当判处死刑者,一般以处决其中少数的罪大恶极分子为原则",[②]给予了高度肯定。

从以上材料中,我们不难看出,毛泽东对应杀的反革命分子的标准和范围大体上在近一年的时间里经历了由抽象到具体、由宽到窄的过程。他越来越强调的,是对应杀的反革命分子的具体情形。毫无疑问,他的慎刑政策于此明显地表现出来。

第二,关于不杀的标准和范围。需要说明的是,在毛泽东那里,所谓的"不杀",实际上包括两种情形:一种是非死刑意义上的不杀,如被判处管制、有期徒刑等的情形,另一种是死刑意义上的不杀,如判处死刑,但无须立即执行,而是给予二年的缓期,后减为无期和有期徒刑的情形。依据笔者的理解,后一种情形由于其与死刑立即

---

① 逢先知、冯蕙:《毛泽东年谱(一九四九——一九七六)》(第一卷),中央文献出版社,2013,第 360 页。

② 逢先知、冯蕙:《毛泽东年谱(一九四九——一九七六)》(第一卷),中央文献出版社,2013,第 388 页。

执行的关联更为紧密,因此更能体现出毛泽东的慎刑政策。

　　在毛泽东逐渐缩减应杀的反革命分子情形的过程中,他还与之相应地界定并扩展不杀的标准和范围。1951年1月22日,他提出"乡村普通恶霸及不法地主,则由农民斗争、监视及由人民法庭判刑",而无须判处死刑。[1] 1月24日,他又提出"为了不致弄错,使自己陷于被动,对尚无证据的特务及会门头子,应当进行侦查,取得确证,而不要随便捕人杀人"。[2] 2月8日,他提出要求说:"应判徒刑者均判徒刑,应管制者均给以管制"。[3] 2月17日,他向党外民主人士介绍说:"对可杀可不杀的那一部分人,应当判处徒刑,或交群众监视,用劳动改造之,不要杀。如同宽大应有边,镇压也

---

[1]　逄先知、冯蕙:《毛泽东年谱(一九四九——一九七六)》(第一卷),中央文献出版社,2013,第286~287页。

[2]　逄先知、冯蕙:《毛泽东年谱(一九四九——一九七六)》(第一卷),中央文献出版社,2013,第290页。

[3]　逄先知、冯蕙:《毛泽东年谱(一九四九——一九七六)》(第一卷),中央文献出版社,2013,第300页。

应有边"。① 2 月 28 日,他从法解释的角度,区分了"胁从犯"与"从犯"的不同,从而间接界定了"胁从不问"的定罪原则;② 3 月 9 日,他又批示道:"在那些已经实现了彻底镇压方针的地方,则要停一下,不要多捉多杀了。无论什么地方,都要有计划,讲策略,作宣传,不杀错"。③ 3 月 29 日,他又强调:"反革命早几天杀,迟几天杀,经过说服教育并不甚大。惟独草率从事,错捕错杀了人,则影响很坏",各地党委"对镇反工作,实行严格控制,务必谨慎从事,务必纠正一切草率从事的倾向。我们一定要镇压一切反革命,但是一定不可捕错杀错"。④ 4 月 2 日,他发出指示:"判死刑者,必须是罪重者,重罪轻判是错误的,轻罪重判也是错误的"。⑤ 4 月

① 逄先知、冯蕙:《毛泽东年谱(一九四九——一九七六)》(第一卷),中央文献出版社,2013,第 303 页。

② 逄先知、冯蕙:《毛泽东年谱(一九四九——一九七六)》(第一卷),中央文献出版社,2013,第 311 页。

③ 逄先知、冯蕙:《毛泽东年谱(一九四九——一九七六)》(第一卷),中央文献出版社,2013,第 312 页。

④ 逄先知、冯蕙:《毛泽东年谱(一九四九——一九七六)》(第一卷),中央文献出版社,2013,第 319 页。

⑤ 逄先知、冯蕙:《毛泽东年谱(一九四九——一九七六)》(第一卷),中央文献出版社,2013,第 323 页。

30 日,他又不厌其详地向大城市以上级别的市委提出以下要求:"杀人不能太多,太多则丧失社会同情,也损失劳动力"。①

综合以上毛泽东在镇压反革命分子运动的工作中所提出的杀与不杀的标准和范围,我们可以简要地将其慎刑思想总结如下:对不能杀的反革命分子,不能杀;对可杀可不杀的反革命分子,不要杀;对应杀的反革命分子,还要区分为两种情形,应当立即杀的和不需要立即杀的。毛泽东逐渐地将其思考的重点放在了不需要立即杀的问题上,于是,死缓制度应运而生。

第三,关于捕人批准权和杀人批准权的主体问题。使毛泽东创制死缓制度的慎刑思想,不仅在他对镇压反革命分子活动的工作中杀与不杀的理解和判断里,也在他对当时捕人批准权和杀人批准权行使主体的实体和程序制度设计中。在镇压反革命活动的工作刚刚开始的时候,捕人批准权是由县级国家机关行使的,杀人批准权则

---

① 逢先知、冯蕙:《毛泽东年谱(一九四九——一九七六)》(第一卷),中央文献出版社,2013,第 332 页。

是由地专一级的国家机关行使的。为了纠正后来出现的"左"的偏向,毛泽东决定变更捕人批准权和杀人批准权的行使主体,提高行使主体的行政级别,试图通过行使批准权的国家机关的行政级别的提高,使镇压反革命分子活动工作中的捕人批准行为和杀人批准行为更加规范,也更加慎重。

1951年5月7日,毛泽东为转发中共中央华东局关于镇反问题的指示,起草中央给中央局、分局并转省市区党委、地委的批语。在该批语中,毛泽东写道:"兹定于六月一日起,全国除现行犯外捕人批准权一律收回到地专一级,杀人批准权一律收回到省级,离省远者由省级派代表前往办理。各地一律照此执行"。[①] 这样,从那时起,捕人批准权专属地专一级来行使,杀人批准权则交由省级机关来行使。第二天,即1951年5月8日,毛泽东为中共中央起草关于对犯有死罪的反革命分子应大部采取判处死刑缓期执行政策的决定。在该决定中,毛泽东提出更

① 逄先知、冯蕙:《毛泽东年谱(一九四九——一九七六)》(第一卷),中央文献出版社,2013,第335页。

加具体的实体和程序制度设计:对于那些判处死刑而不需要立即执行即判处死刑缓期执行的,其批准权由省级国家机关行使,但对"应执行死刑的极少数人(大约占死罪分子的十分之一二),为慎重起见,一律要报请大行政区或大军区批准。有关统一战线的重要分子,须报请中央批准"。① 由此可见,杀人批准权具体细化了:对于判处死刑缓期执行的批准权,由省级国家机关行使;对于判处死刑立即执行的批准权,由大行政区国家机关行使;对于判处死刑立即执行的统一战线的重要分子的批准权,由中央直接行使。这样的制度设计,直接地、明显地反映出了毛泽东的慎刑思想。

毛泽东决定将捕人批准权和杀人批准权的行使主体的行政级别提升之后,为保证其制度设计能够在镇压反革命活动的工作中得到完整地贯彻和落实,又多次在不同的场合中进行申明和强调。如1951年5月16日,他为转发邓小平关于土改、镇反、抗美援朝的综合报告,起草

① 逢先知、冯蕙:《毛泽东年谱(一九四九——一九七六)》(第一卷),中央文献出版社,2013,第337页。

给各中共中央局负责人并转分局、省委、区党委、大中城市市委的批语。在批语中,他以批注方式对杀人批准权特别地强调:"必须无例外地一律收回到省委或区党委"。① 再如当日,毛泽东关于将捕人杀人的批准权一律提高一级的问题,复电邓子恢并告饶漱石等人,强调"捕人杀人的批准权必须一律提高一级,不许有例外。在土改区可由省派代表至专区,由专区派代表至县,掌握材料,用电话向专区请示批准捕人,向省请示批准杀人,这样对于捕杀少数人仍是便利的"。② 再如1951年5月17日,毛泽东审阅修改中央军委总政治部转发西北军区航空处镇反报告的批语稿,加写了一段话,其中有"规定从六月一日起捕人杀人均要报请大军区批准,以昭慎重,望加注意"。③ 再如1951年8月15日,毛泽东审阅罗瑞卿8月14日报送的《关于镇压反革命工作的报告》,作出批

① 逄先知、冯蕙:《毛泽东年谱(一九四九——一九七六)》(第一卷),中央文献出版社,2013,第340~341页。
② 逄先知、冯蕙:《毛泽东年谱(一九四九——一九七六)》(第一卷),中央文献出版社,2013,第342页。
③ 逄先知、冯蕙:《毛泽东年谱(一九四九——一九七六)》(第一卷),中央文献出版社,2013,第343页。

示:"现确定全国一切地方捕人批准权属专署一级,杀人批准权属省一级"。[①]

毛泽东的慎刑(包括慎死刑)的思想,经常可以在他的讲话、著述之中看到,譬如在1962年1月30日中央工作会议上的讲话中,毛泽东还专门提到"捕人、杀人"的问题。在他看来,"在革命胜利还只有十几年的时候",反动阶级分子自然不甘心于失败,总是企图阴谋复辟,所以"人总会要捕一点、杀一点的,否则不能平民愤,不能巩固人民的专政。但是,不要轻于捕人,尤其不要轻于杀人"。[②]

3. 毛泽东对死缓制度的具体创制

1951年4月30日,毛泽东首次提出死缓的创制思路。当天他为转发中共中央西南局关于镇反问题的指示,起草给各中央局并转分局、省委、大中城市市委的批语。在该批语中,毛泽东提到:"凡无血债或其他引起民愤的重大罪行,但有应杀之罪者,例如有些特务或间谍分子,有些教育界及经济界中的反革命等,可判死刑,但缓

---

① 逢先知、冯蕙:《毛泽东年谱(一九四九——一九七六)》(第一卷),中央文献出版社,2013,第388页。

② 《毛泽东文集》第八卷,人民出版社,1999,第308页。

期一年或二年执行,强迫他们劳动,以观后效,如他们在劳动中能改造,则第二步可改判无期徒刑,第三步可改判有期徒刑。(凡判徒刑一年以上者,一般都应组织他们劳动,不能吃闲饭。)这样,主动权抓在我们手里,尔后要怎样办都可以"。①

到了 1951 年 5 月 8 日,毛泽东亲自起草了《中共中央关于对犯有死罪的反革命分子应大部采取判处死刑缓期执行政策的决定》。正是在该决定中,毛泽东正式创设了死缓制度,即对"有些特务或间谍分子,有些教育界及经济界中的反革命等,可判死刑,但缓期一年或二年执行,强迫他们劳动,以观后效"。② 死缓的创制和施行,从根本上有利于防止和纠正镇反高潮中曾在一些地方发生的乱捕乱杀等"左"的偏向,从而保证镇反运动的健康发展。③ 另外,从技术的角度观察,毛泽东还认为死缓制度

① 逄先知、冯蕙:《毛泽东年谱(一九四九——一九七六)》(第一卷),中央文献出版社,2013,第 332~333 页。
② 《毛泽东文集》第六卷,人民出版社,1999,第 121 页。
③ 逄先知、金冲及:《毛泽东传(1949~1976)》(上),中央文献出版社,2003,第 199 页。

的施行有利于司法机关掌握对敌斗争的主动权。他认为,如被判处死缓的犯罪分子"在劳动中能改造,则第二步可改判无期徒刑,第三步可改判有期徒刑。(凡判徒刑一年以上者,一般都应组织他们劳动,不能吃闲饭。)这样,主动权抓在我们手里,尔后要怎样办都可以。"①

在1951年6月15日,毛泽东为转发中共中央华北局6月12日关于通县传达贯彻死缓政策情况的报告,起草给各中央局并转发至县委一级的批语,在该评语中他又对死缓的适用范围作了更加具体的解释:"只对那些民愤不深,人民并不要求处死,但又犯有死罪者,方可判处死刑、缓期二年执行、强迫劳动、以观后效"。②

可见,在前期镇反工作中,逮捕并迅速地处理了一大批犯有死罪、民愤极大的反革命分子。群众拍手称快,对嚣张一时的反革命破坏活动起到了震慑作用,有效地维护了社会治安,巩固了新生的人民政权。但是,杀人多了,即使都是犯有死罪的反革命分子,也总会在社会的一

---

① 《毛泽东文集》第六卷,人民出版社,1999,第121页。
② 逢先知、冯蕙:《毛泽东年谱(一九四九——一九七六)》(第一卷),中央文献出版社,2013,第360页。

部分阶层中引起不安,甚至会丧失社会同情。对犯有死罪的反革命分子大部采取死刑缓期执行的政策,就是为解决这个矛盾而提出来的。① 这是毛泽东的一个创造,同时也是新中国成立后毛泽东对中国法治建设的最著名的创造性贡献之一。

4. 后来立法对死缓制度的继承

死缓制度由毛泽东创设之后,为我国后来的立法者和司法者所秉承和完善。如在 1979 年《刑法》第三章"刑罚"之第五节"死刑"(第四十三条至第四十七条)中,共有五个条文,其中涉及死缓的,有四个条文,成为主体部分。如第四十三条规定:"死刑只适用于罪大恶极的犯罪分子。对于应当判处死刑的犯罪分子,如果不是必须立即执行死刑,可以判处死刑同时宣告缓期二年执行,实行劳动改造,以观后效。"第四十六条还规定:"判处死刑缓期执行的,在死刑缓期执行期间,如果确有悔改,二年期满以后,减为无期徒刑;如果确有悔改并有立功表现,二

---

① 逄先知、金冲及:《毛泽东传(1949~1976)》(上),中央文献出版社,2003,第 198 页。

年期满以后,减为十五年以上二十年以下有期徒刑;如果抗拒改造情节恶劣、查证属实的,由最高人民法院裁定或者核准,执行死刑。"而在 1997 年《刑法》即现行《刑法》第三章"刑罚"之第五节"死刑"(第四十八条至第五十一条)中,死缓制度也得到了明确的规定。1997 年《刑法》与 1979 年《刑法》相比较,变动有二:第一,将枪决规定为死刑执行方式的条文被删除,这意味着死刑执行方式将愈来愈多元化,不仅包括枪决,注射方式将会得到更普遍的应用;第二,调整未成年人和孕妇可以判处死缓的条款,在 1979 年《刑法》中,未成年人和孕妇可以被判处死缓;而在 1997 年《刑法》中,未成年人和孕妇都不可被判处死刑,包括死缓。这反映出立法者将死缓视为死刑的一种执行方式,而不是一种与死刑相并列的新的刑罚种类,它与死刑立即执行都是死刑,只是执行方式不同而已,而这正是当年毛泽东的本意。

最后,死缓制度的诞生,直接来看,是毛泽东应对时势的刑事政策上的及时调整;但在深刻思考之后便会发现,这是毛泽东慎刑思想尤其是慎死刑思想的具体体现——死缓制度的实施无疑使得被判处死刑的人当中的大部分人免除了生命的被剥夺,从而得以活下来继续从事社会主义建设活动。此种法律理念,即保存更大力量,使更多的人参与社会主义建设活动,从而促进社会主义生产力的进一步发展,始终贯穿于新中国成立以后毛泽东的法治思维中。如他在确定反腐败斗争策略时,经反复斟酌,决定以"区别对待"的策略指导反腐败斗争的法治理念。对于少数严重的贪污分子必须绳之以法,动用刑罚,否则的话,就不足以威慑犯罪,不足以平民愤,不足以提高政府的威信和加强廉政建设。但对大多数中小贪污分子则应采取教育挽救的方法,重点是使其不再犯。也就是说,只要中小贪污分子承认错误,有悔罪表现,今后不再犯,就应尽可能地不处以刑罚,改由行政、党纪或批评教育的方法解决问题。①

对缓刑制度的创设,只是毛泽东在新中国成立后对刑事法学和刑事法律制度诸多创造性贡献中的一处,除此之外,毛泽东还首次提出了刑法中的规格问题,对于刑

---

① 王洪年、宋军:《论毛泽东同志反腐败的斗争策略——"区别对待"》,载中国监察学会编《毛泽东法制思想论集》,中国检察出版社,1993,第9～10页。

罚的适用具有深远的指导意义;提出了改造第一,生产第二的劳改方针,突破旧刑法理论把刑罚作为单纯的一种刑罚手段的传统;创立了劳动教养制度,为处理人民内部某些轻微的违法行为提供了有效的办法。[①]

毛泽东以死缓制度的创制为切入点所奠定的死刑政策,既符合了实际,又顺应了历史发展的潮流,并且进一步发展了人类法制文明的成果,使中国共产党人的治国方略,达到了前所未有的境界。这样一项符合人类文明发展潮流的,而且经长期实践证明正确的刑事政策,应当说是有利于我国人民民主专政的巩固与社会主义事业发展的,是一项宝贵的精神财富。[②]

①　宋世杰:《论毛泽东同志关于刑法学的光辉思想及重要贡献》,载中国监察学会编《毛泽东法制思想论集》,中国检察出版社,1993,第119~124页。

②　马克昌:《刑罚通论》(第二版),武汉大学出版社,2002,第113页。

三 民事法领域:启动民法典的编纂

中国民法典的编纂工作,早在 1949 年新中国成立之前就已经开始了,但囿于当时客观历史条件、主观学术水平尤其是政权阶级性质,民法典的编纂工作或者有因无果、胎死腹中,或者沦为反人民的工具。

具体而言,清廷权贵迫于国内外的空前巨大压力,在 1907 年效法西方列强,开始了民法典的首次编纂,并于 1911 年完成,称为《大清民律草案》。但该草案未及颁布,清王朝便覆灭了。中华民国成立后,北洋政府即着手制定民法典,于 1924～1925 年完成了民律草案,当时的司法部只是通令各级法院作为事理引用,但并未成为正式的法律;更由于当时内战频仍,军阀割据,该草案从始至终都是有名无实。1929 年,国民党政府重启民法典的制定工作,民法典各部分(编)分别于 1929 年 5 月至 1930 年 12 月陆续颁布,并直到今天在台湾地区继续有效。

早在 20 世纪 30 年代,民法典的编纂便进入了毛泽东的视野。在他所领导拟定并签署的《中华苏维埃共和国中央苏维埃组织法》中,制定民法典及土地法、婚姻法等民事单行法是全国苏维埃代表大会及其中央委员会的一项重要权利。

1949 年 2 月即新中国成立前夕,经毛泽东和周恩来修改,中共中央向全党下发了《关于废除国民党的六法全书与确定解放区的司法原则的指示》。该指示要求废除国民党政府的六法全书(所谓"六法全书",实际是指国民党政府宪法、民法、商法、刑法、民事诉讼法和刑事诉讼法等六部门法律的汇编),六法全书随即不再具有法律效力,作为六法全书重要组成部分的《民法》在大陆亦随之失去法律效力。虽然在六法全书被废除的几年内,民法典的编纂并没有被提上议事日程,但是毛泽东没有停止倡导单行民事立法的进程。早在 1950 年 6 月 11 日,当毛泽东在审阅修改陈云准备在全国政协一届二次会议上作的关于经济形势和调整措施的报告稿时,他特别加写了下面这段话:"有些人提议由政府制订投资条例或公司法,我们认为有此必要,现正在起草中"。① 由此可见,在

---

① 逄先知、冯蕙:《毛泽东年谱(一九四九——一九七六)》(第一卷),中央文献出版社,2013,第 155 页。

新中国刚刚成立的时候,毛泽东便将《公司法》这样重要的民事单行立法纳入自己的工作视野中。1950 年 8 月 16 日,毛泽东又主持召开了中共中央政治局会议,讨论了《私营企业暂行条例》。①

1954 年冬天,宪法生效之后,其他法典的编纂工作随之列入立法议程。全国人大常委会开始组织起草民法,由法制委员会主任王明领衔。1956 年 12 月完成草案,分总则、所有权、债和继承四编,全文共 525 条。该草案的体例完全采用了 1922 年《苏俄民法典》的模式。② 但该民法典没有能够成为一部正式的、有效的民法典,更为重要的原因是新中国成立之后商品经济的不发达。

其实在新中国成立以后,我国曾长期采用单行法的形式处理民事关系。早在 1950 年 5 月就颁布了《婚姻法》。在实行计划经济体制下,在经济领域主要适用行政法,同时也制定了一系列调整民事关系的法规,例如,工

---

① 逄先知、冯蕙:《毛泽东年谱(一九四九——一九七六)》(第一卷),中央文献出版社,2013,第 173 页。
② 魏振瀛:《民法》(第四版),北京大学出版社、高等教育出版社,2010,第 8 页。

矿产品购销、货物运送、银行贷款等方面的规范。① 新中国成立初期，从民法的角度看，首先在所有权方面，有许多重要规定。因为革命的根本就在于所有制的改变。因此，新中国成立初期，以《共同纲领》为基础，公布了一系列改变所有制的法令。如《关于没收战犯、汉奸、官僚资本家及反革命分子财产的指示》、《中华人民共和国土地改革法》、《新区农村债务纠纷处理办法》、《城市郊区土地改革条例》等。这些法令的公布，使战犯、汉奸、官僚资本家及反革命分子的财产转变为全民所有。与此同时，为保护民族工商业和小手工业，还公布了《私营企业暂行条例》。《机关、国营企业、合作社签订合同契约暂行规定》、《中国人民银行放款总则》、《关于奖励有关生产的发明、技术改进及合理化建议的决定》、《保障发明权与专利权暂行条例》、《商标注册暂行条例》等。通过以上法律、法令的公布，彻底肃清了半殖民地半封建的生产关系，并使私人资本主义工商业和小手工业经济在国营经济的领导

---

① 魏振瀛:《民法》(第四版)，北京大学出版社、高等教育出版社，2010，第8页。

下得到恢复和发展。同时，也使经济基础和社会关系有很大的改变，不到三年就扭转了在国民党统治下的财政经济混乱、困难、通货膨胀的局面，基本的物质资料的生产和生活得到了保障。①

以单行法形式调整民事关系虽有上述历史功绩，但长远来看，远远不能满足当时经济恢复和发展的需要。到了1961年1月，中共八届九中全会决定对国民经济实行"调整、巩固、充实、提高"的方针。1962年1月，在扩大的中央工作会议上，中共中央又初步总结了"大跃进"的经验教训。随后，我国的民事立法又获得了一定的发展，如试行了工商企业登记管理制度和工矿产品购销、农副产品收购和基本建设等合同制度。也正是在1962年3月，毛泽东在谈及新中国法治工作时专门提出："不仅刑法要，民法也需要，现在是无法无天。没有法律不行。刑法、民法一定要搞。不仅要制定法律，还要编案例"。因此，1962～1964年，我国进行了第二次民法典起草工作，在以前工作的基础上，于1964年7月提出了《中华人民

---

① 佟柔：《佟柔中国民法讲稿》，北京大学出版社，2008，第27页。

共和国民法草案(试拟稿)》共24章262条,分为总则、所有权和财产流转三编。然而,由于政治运动的冲击和"四清"运动的影响,该民法草案也未能通过施行。[①]

以今天的眼光看来,1964年7月完成的民法草案最终没有能够成为一部正式的法律,应该归罪于其诞生之前和之后的各项政治运动,而这些政治运动大多是由毛泽东发起的,于是有人甚至是不少人便将1964年民法草案未能竟功的原因归罪于毛泽东。笔者认为,此种观点完全错误,既与历史事实相悖,又严重地背离了历史唯物主义的方法论。第一,不论是历史还是现在,不论是西方还是东方,民法发展史所证明的是,民法与商品生产和商品交换存在着直接的、密切的联系。民法伴随着商品经济的出现而勃发,伴随着商品经济的繁荣而进入兴盛时期。作为民事法律规范集大成者的民法典,究其根本,乃是一国商品经济高度发展和繁荣的法律表征。在20世纪60年代的中国,新中国成立不过十余年,国民经济虽在很大程度上有所恢复并取得了长足发展,"八大"在此

---

① 佟柔:《佟柔中国民法讲稿》,北京大学出版社,2008,第30页。

基础上对经济的发展更是做了进一步的努力,但若是认为当时已有发达和繁荣的商品经济,恐与历史事实严重不符。当时的中国既无发达和繁荣的商品经济,遑论应有一部科学的民法典。从历史唯物主义的方法论出发,我们将不难得出这样一个结论:1964年民法草案之所以没有成为一部正式的法律,在根本的意义上,是由于当时并不具备制定一部民法典的历史条件,尤其是经济条件,即缺乏发育到一定程度的商品经济。假如不顾经济条件,将1964年民法草案强行通过,其历史命运无非有二:第一,因经济条件限制,超前的1964年民法无法与社会经济生活对接,导致其成为一纸空文;或者其强行与社会经济生活对接,对社会关系进行硬性调整,从而最终对社会经济的发展起到了阻碍的作用。无论1964年民法由于强行通过而出现上述哪一种历史命运,毛泽东恐怕又会成为某些人责难的对象。因此,在历史的语境中,1964年民法草案不通过比通过更好。第二,与第一点密切联系的是,从改革开放直到今天,中国施行准市场经济和市场经济的经验已逾三十余年,在这之间,中国立法者一直怀揣着制定民法典的梦想,也做过很多次努力和尝试。

1979 年 11 月，十一届三中全会召开大约一年后，全国人大常委会便着手组织民法典的起草工作，历时三年，四易其稿，终于 1982 年 5 月成型。但由于当时改革开放刚刚开始不久，市场经济体制尚未形成，社会关系处于激烈动荡的转型时期，该民法典草案终未通过。1986 年，全国人大常委会眼见民法典始终难以出台，于是退而求其次，改为制定《民法通则》，简略地将基本的民事关系予以立法调整。1998 年，全国人大常委会认为起草民法典的条件已经成熟，于是重启民法典的起草工作，四年后，民法典草案形成并提交全国人大常委会第一次审议。经审议，立法机关意识到起草民法典的历史条件尤其是经济条件依然未到成熟的程度，于是决定对民法典采取分阶段、分步骤的制定方式，即先制定民事单行法，条件成熟后再制定统一的民法典。这样，不久之后，《物权法》和《侵权责任法》等民事单行法便先后诞生了。至于何时再制定民法典，自然要看民事单行法的实施状况，要依赖于社会经济条件的发育了。可见，即使是在改革开放三十多年后，我们仍然认为制定民法典的条件不成熟；那么，又据何认为新中国成立十五年后的 1964 年民法草案未获通过是一种历史遗憾并进而将其归罪于毛泽东呢？第三,已如上述,1964年民法草案是在毛泽东的直接提议和要求下进行编纂从而出现的。提议编纂民法典,其实是当时发展社会生产在法律上的必然要求和体现。八大召开之后,社会经济开始向前发展,各种民事关系开始活跃起来并促进了经济的进一步发展,毛泽东敏锐地察觉到了这一现象,并基于此提出了编纂民法典的要求。至于编纂民法典的历史条件尤其是经济条件是否成熟,则是属于探索的范围,而非由毛泽东本人便可认定的,况且毛泽东也从未对其定义过。基于以上,笔者认为,毛泽东作为当时的最高领导人,能够敏锐地察觉到民事立法对民事关系进行调整的作用和意义,能够以发展社会生产为目的提出编纂民法典的要求从而启动了民法典的编纂工作,在民法史上,他便足可彪炳史册了。其他的对他的要求,要么流于苛刻,与历史事实不符;要么陷于空想,与历史唯物主义和思想史的研究方法严重相悖。毛泽东重视民法典的编纂,这是历史事实;毛泽东关注民法典颁行的社会条件是否具备,这也是历史事实。当他于1962年提议制定民法典之后,次年的5月,在接见朝鲜法律工作者代表团时,他又表示:"社会主义的法律工作是一项新的工作,至今我们还没有制定出社会主义的民法和社会主义的刑法",还没有制定出来的原因是"需要积累经验"。[①]到了 1965 年 8 月,毛泽东在会见外宾介绍中国的经验时说中国的很多工作尚处于"改造过程中",如"还没有颁布民法",他认为"大概还需要十五年"的时间才能"颁布民法、刑法、诉讼法",之所以"大概还需要十五年",就是因为立法的时机尚未成熟。

　　基于此,不难看出,在新中国法治建设的最重要的三个领域中(宪法、刑法和民法),毛泽东均做出了创造性的贡献并影响至今。他或者组织领导,或者亲自参与;或者创设制度,或者启动立法;既有实体法上的贡献,又有方法论上的贡献。所有这些,对今天中国的法治建设而言,都有着重要的意义!

---

① 逄先知、冯蕙:《毛泽东年谱(一九四九——一九七六)》(第五卷),中央文献出版社,2013,第 215~216 页。

四 在法学方法论领域的创造性贡献

新中国成立后毛泽东在法治建设中的创造性贡献，以上所列宪法领域、刑事法领域和民法领域只是择其要者而录之，只是点滴而已，难免挂一漏万，为免以偏概全，笔者现就他于新中国成立后在法学方法论领域中的贡献再多加几段赘言。

1. 毛泽东具备法治思维方式

不少人认为，毛泽东所拥有的是典型的人治思维方式，与法治思维方式几乎无涉。此种观点实在是对毛泽东的一个重大误解。历史事实是，毛泽东是一位非常注重法律并具备典型法治思维方式的政治家，以下实例可以说明。

第一，新中国刚刚成立一个月后，毛泽东收到了一份聂荣臻关于卫生部问题的报告。对于卫生部所作关于卫生行政会议报告书所反映的军事、政治、财政、经济、文化教育各方面的问题和措施，毛泽东向其他中央领导人建议"分别采取政府立法或行政命令的方式推行",①而卫生行政会议上的报告和决议只能是一般性的建议,不宜强制推行并使之成为行政执法的依据。应该说,在新中国刚刚成立之后,在中央人民政府刚刚成立之后,毛泽东便建议采用"政府立法或行政命令"的方式管理国家的经济社会事务,这的确令今天学法用法的人尤其是领导干部们感到钦佩。或者我们也可大胆揣测说,在新中国成立和中央人民政府刚刚成立后,毛泽东就已经意识到治国理政对法治方式的迫切需要,这难道不是一种典型的法治思维方式吗?

第二,新中国成立以后,土地改革被很快纳入议事日程。毛泽东认识到,此时的土地改革较之新中国成立之前,前提已经发生了很大变化。新中国成立之后的土地改革,应坚持与资产阶级合作的前提和原则,将地主和富农区别对待。但这样一来,就与 1947 年 10 月 10 日公布的《中国土地法大纲》相矛盾了,因为《中国土地法大纲》

---

① 逄先知、冯蕙:《毛泽东年谱(一九四九———一九七六)》(第一卷),中央文献出版社,2013,第 38 ~ 39 页。

实行的是"耕者有其田"和"不分男女老幼统一分配土地"的制度,既未与资产阶级展开合作,也没有将地主和富农区别对待。有鉴于此,为了使土地法律制度适应新形势和新任务的需要,更为了使未来的土地制度改革有法可依,毛泽东不止一次提议和思考对土地法进行修改。1950 年 2 月 17 日早晨,还没有结束对苏联的访问,他和周恩来一起致电刘少奇,在分析了新中国成立后土地改革的新形势和新策略后,毛泽东建议"对于一九三三年文件及一九四七年土地法等,亦必须有所修改"。① 1950 年 3 月 12 日,毛泽东复电邓子恢并告林彪等人,"需要修改土地法及其他有关土改的文件"。② 熟知新中国成立以后历史的人都知道土地改革在毛泽东心目中的重要位置,但如此重要工作的开展,毛泽东并没有因工作的重要性和迫切性而不顾法治的前提,反而始终不忘对土地法的修改以期望使土地改革工作有法可依,这岂不又是一种

① 逄先知、冯蕙:《毛泽东年谱(一九四九——一九七六)》(第一卷),中央文献出版社,2013,第 94 页。

② 逄先知、冯蕙:《毛泽东年谱(一九四九——一九七六)》(第一卷),中央文献出版社,2013,第 103 页。

典型的法治思维方式?

第三,在第一届全国人民代表大会第一次会议召开之前,政协全国委员会及其常务委员会一直扮演着最高国家权力机关的角色,它能否正常召开,意味着国家权力机关是否在正常运行。1950年5月20日,毛泽东主持召开一届全国政协常务委员会第五次会议,并发表了重要讲话。在讲话中,毛泽东强调说常委会已经好久没有开会了,"以后不管有无问题,要定期开",并"提议至少每月开一次,作为一条法规定下来"。[①] 以法规的形式确定最高国家权力机关的开会周期,无疑是确保最高国家权力机关正常运转的通行的,也是符合法治要求的方式,从中不难得出毛泽东具备法治思维方式的结论。

第四,新中国成立之初,中央人民政府和毛泽东要面临的难题有很多,截至1950年12月,即在新中国成立的一年多里,中央人民政府和毛泽东克服了很多困难,采取

---

① 逄先知、冯蕙:《毛泽东年谱(一九四九——一九七六)》(第一卷),中央文献出版社,2013,第144页。

了很多措施,也解决了很多问题。用毛泽东在 1950 年 12 月 26 日主持中央人民政府委员会第十次会议上的谦虚的讲话来说,就是"中央人民政府做了一年工作,算是有成绩的"。① 不过,根据毛泽东个人的总结,在 1950 年上半年的税收、公债工作中,在 1950 年下半年的镇压反革命活动工作中,"也发生了许多缺点和错误",②譬如在镇压反革命活动工作中,人民责备新生的人民政权所开展的镇压反革命分子的工作,是"有天无法"和"宽大无边"的。③ 换句话说,是指人民政府所开展的镇压反革命分子的工作,虽在人民政权的组织下开展("有天"),但却没有具体的执行依据和统一的执法、司法尺度,随意性、任意性较强("无法"),以至于出现了"宽大无边"的后果。对于此种现象的出现及其解决,毛泽东认为法制不健全是一个根本原因,建立健全相关法律制度是解决问题的重

---

① 逢先知、冯蕙:《毛泽东年谱(一九四九——一九七六)》(第一卷),中央文献出版社,2013,第 267 页。

② 逢先知、冯蕙:《毛泽东年谱(一九四九——一九七六)》(第一卷),中央文献出版社,2013,第 267 页。

③ 逢先知、冯蕙:《毛泽东年谱(一九四九——一九七六)》(第一卷),中央文献出版社,2013,第 267 页。

要出路。于是,在 1950 年"六月政协全国委员会第二次会议前后,政府公布了许多法令,使以后工作逐渐走上了轨道。现在法令比过去完备多了"。① 身为中央人民政府主席的毛泽东,此时能够将建立健全法制作为解决实际工作中所出现问题的方案,实属难得;毛泽东之所以能够如此倚重法制的建立和健全,是因为他本身就具备法治的思维方式,或者说,这是他具有法治思维方式的一种表现。再如在反贪污和反浪费活动的工作中,毛泽东极为重视法制的建立和健全工作,他在先后三次审阅修改《中共中央关于实行精兵简政、增产节约、反对贪污、反对浪费和反对官僚主义的决定》时,反复申明"中央人民政府不久将颁布惩治贪污的条例和惩治浪费的条例,各级领导机关必须仿照实行惩治反革命条例那样,大张旗鼓地发动一切工作人员和有关的群众进行学习,号召坦白和检举,并由主要负责同志亲自督办和检查。一切贪污行为必须揭发,按情节轻重,给以程度不等的处理,从警告、

① 逄先知、冯蕙:《毛泽东年谱(一九四九——一九七六)》(第一卷),中央文献出版社,2013,第 267 页。

调职、撤职、开除党籍、判处各种徒刑、直至枪决"。① 毛泽东对法制建立健全的重视，由此可见一斑。在中央有关负责同志起草好《惩治贪污条例》之后不久，毛泽东于1951年1月5日又专门致信薄一波和彭真，要求他们"于十天内将惩治浪费条例起草出来，并将惩治贪污条例加以修改"，并一起在1月16日交给他。② 毛泽东建立健全法制的迫切心情，又可见一斑。毛泽东对建立健全法制的重视，并没有仅仅停留在促进立法以填补立法空白，而是精细到对立法对象的效力位阶的选择和定位上。1954年8月下旬，他曾审阅《中华人民共和国全国人民代表大会组织条例草案（修改稿）》，考虑到该《条例草案》事关国家权力机关的组成和运转，是一部极为重要的法律，因此，毛泽东批示："'条例'似宜均改称'法'"。于是在当年的9月29日，《中华人民共和国全国人民代表大会组

① 逢先知、冯蕙：《毛泽东年谱（一九四九——一九七六）》（第一卷），中央文献出版社，2013，第427页。

② 逢先知、冯蕙：《毛泽东年谱（一九四九——一九七六）》（第一卷），中央文献出版社，2013，第463页。

织法》正式颁布生效了。① 以今天立法学的眼光来看,将该"条例"改为"法",已是一项常识性的立法技术知识。不过,我们切不可以忘记,半个世纪多前毛泽东所作出的这一选择,并非我们今天所想象的那样简单。实际上,为加快新中国成立之后的法治工作,毛泽东颇为着急,1950 年 9 月 13 日,他就检查督促中央政府各部向中共中央报告的问题致信周恩来,首问政法系统的工作,他问道:"政法系统各部门,除李维汉管的民族事务委员会与中央有接触外,其余各部门,一年之久,干了些什么事,推行的是些什么方针政策,谁也不知道,是何原因,请查询"。②

第五,要证明毛泽东具有法治的思维方式,笔者认为以他具备证据意识为例进行证明也是很有说服力的,因为证据意识是法治思维方式中最典型的。有人认为,毛泽东在镇压反革命运动中,采用的是纯粹的群众审判模

---

① 逄先知、冯蕙:《毛泽东年谱(一九四九———一九七六)》(第二卷),中央文献出版社,2013,第 273 页。

② 逄先知、冯蕙:《毛泽东年谱(一九四九———一九七六)》(第二卷),中央文献出版社,2013,第 190 页。

式:群众说杀便杀,群众说不杀便不杀。显然,此种说法与历史事实严重不符,并有以偏概全的嫌疑。实际上,在镇压反革命活动的工作中,毛泽东十分注重对案件事实的查明,特别强调对证据的调查和收集、查证和采信。如1951年1月24日,毛泽东为转发中共中央华东局1月22日关于镇反工作应注意的问题给福建省委的指示电,起草给各中央局负责人的批语时,特别交代"为了打落敌焰,伸张民气,对匪首、惯匪、恶霸及确有证据的重要特务和会门头子,应当放手杀几批。为了不致弄错,使自己陷于被动,对尚无证据的特务及会门头子,应当进行侦查,取得确证,而不要随便捕人杀人。分清这两种情况的界限是必要的,请你们转知所属注意为盼"。① 毛泽东的此处"特别交代",用心良苦,他总是担心地方各级党委在镇压反革命活动的工作中,易于过火并造成冤假错案;要解决这一问题,唯有抛弃轻视证据的不正确观念,以科学的证据对镇压反革命活动的工作进行规范,才能达到不枉

① 逄先知、冯蕙:《毛泽东年谱(一九四九———一九七六)》(第一卷),中央文献出版社,2013,第290页。

不纵的效果。

　　毛泽东对证据规则的推崇和信赖,同时必然伴随着他对刑讯逼供的反感和反对,这一点在"三反"运动中表现得最为突出。在"三反"运动中,针对"打虎"行动中刑讯逼供现象的出现,毛泽东多次强调、反复申明重证据和禁止刑讯逼供才是办案的正确方式。如1952年2月17日,毛泽东为转发习仲勋关于西北地区"打虎"的报告,起草给习仲勋并告各中共中央局、大军区、志愿军的批语,在批语中,他指出:"'可疑错,不可打错,防止逼供信',提得很好,在运动到了高潮时期,必须唤起同志们注意这一点"。[①] 再如1952年2月20日,毛泽东为转发中共北京市委关于"三反"、"五反"的两个报告,起草给北京市委,各中央局并转分局、省市区党委的批语,在批语中,毛泽东要求"地委以上领导机关应随时纠正'捉虎'中逼供和硬凑'老虎'的现象。"[②]再如

　　① 逄先知、冯蕙:《毛泽东年谱(一九四九——一九七六)》(第一卷),中央文献出版社,2013,第496页。

　　② 逄先知、冯蕙:《毛泽东年谱(一九四九——一九七六)》(第一卷),中央文献出版社,2013,第499页。

1952 年 2 月 22 日,毛泽东为转发华东军区党委关于"打虎"战绩与今后部署的报告,起草给华东军区党委、各大军区及志愿军党委的批语,在批语中,毛泽东再次申明全军"打虎"应"注意调查研究,算大账,算细账,清查'老虎'真假,严禁逼供信",①唯有这样,才能获得全胜。再如 1952 年 2 月 26 日,毛泽东阅中共中央直属机关党委 2 月 25 日关于"打虎"工作的报告,批示道:"强调要材料,要证据,普遍推行算大账、算细账、追赃款、追赃物的方法,严禁逼供信的方法,是目前打虎作战能取得完全胜利的关键的所在"。② 再如 1952 年 3 月 4 日,毛泽东为转发萧华关于中央军委直属部队开展"打虎"运动情况的报告,起草给各中共中央局、大军区和志愿军的负责人的批语,在批语中,他认可中央军委直属部队所发现并报告的"整个军委直属部队的'打虎'运动一般是健康的,但个别已发现'左'的逼供信偏向"的现象,并赞同中

① 逄先知、冯蕙:《毛泽东年谱(一九四九———一九七六)》(第一卷),中央文献出版社,2013,第 501 页。
② 逄先知、冯蕙:《毛泽东年谱(一九四九———一九七六)》(第一卷),中央文献出版社,2013,第 504 页。

央军委直属部队在办案中"禁止人格侮辱和变相肉刑"和禁止"疲劳战术"与"车轮战术"的做法。①

第六，对司法体制及其立法权限的了解和尊重也能体现出毛泽东具备法治的思维方式。为了使镇压反革命活动的工作有法可依，中央人民政府根据《中央人民政府组织法》第七条第一款的规定，启动了《惩治反革命条例》的起草工作。《惩治反革命条例(修正稿)》草拟好后，刘少奇就该条例的发布致信毛泽东并征求其意见。毛泽东阅后认为，该条例关涉"法院权限"，"应由中央人民政府委员会开一次会通过，并用主席名义公布"。② 毛泽东给刘少奇的这一回复，含义有二。第一，《惩治反革命条例(修正稿)》的内容已经涉及"法院权限"，即该条例确定由各地军事法庭管辖反革命犯罪案件。毛泽东意识到，涉及法院管辖权限者，不宜由政务院或其政治法律委员会甚至是公安部予以规定，因为即使是政务院，按照《中央人民政府

---

① 逢先知、冯蕙：《毛泽东年谱(一九四九——一九七六)》(第一卷)，中央文献出版社，2013，第 511～513、290 页。

② 逢先知、冯蕙：《毛泽东年谱(一九四九——一九七六)》(第一卷)，中央文献出版社，2013，第 294 页。

组织法》的规定,也不过是与最高人民法院平行或平级的国家机构,因此,由政务院或其政治法律委员会甚至是公安部制定发布《惩治反革命条例》是与《中央人民政府组织法》相违背的;而中央人民政府委员会作为"对外代表中华人民共和国,对内领导国家政权"(《中央人民政府组织法》第四条)的国家机关,享有调整法院管辖权限的立法权自不待言,由其制定发布《惩治反革命条例》于立法权限而言名正言顺。第二,毛泽东在给刘少奇的复信中说的"审判反革命罪犯仍然依照现在办法归各地军事法庭管辖为好"处作了批注:"在军管时期应当如此"。可以看出,毛泽东对军事法庭管辖反革命案件提出了一个前提,即必须是在"军管时期",言外之意是,如不是在军管期间,或者在军管期结束之后,军事法庭则不必再享有反革命案件的审判管辖权,应以移交地方法院管辖为适宜。以笔者的理解,毛泽东的这一认识能够很好地反映出他具有法治的思维方式。原因有二:一方面,众所周知,镇压反革命活动期间的所谓反革命犯罪,其实与后来1979年《刑法》中的"反革命罪"或1997年《刑法》中的"危害国家安全罪"并不完全相同,如在镇压反革命活动中的强奸罪与后来的"反革命罪"和"危害国家安全罪"无关,因此,由军事法庭审理此类犯罪行为的确与司法管辖体制的基本理念不符;另一方面,"军管时期"应为一种紧急状态时期或者非常时期,并不是国家法治建设的常态。因此,在毛泽东看来,在"军管时期"由军事法庭审理反革命犯罪案件并非长久之计和正常状态,故在复信刘少奇的批注中加以限定,以待"军管时期"结束后国家的法治恢复到正常的状态,人民法院依法行使其刑事案件的司法管辖权。

　　毛泽东以其法治思维方式对司法体制所表示出的尊重,在其工作中经常流露出来。1951 年 1 月 22 日,他复电叶剑英等人并告中共中央中南局时,曾细致地划分了军事法院和地方法院的刑事案件的司法管辖权,他认为:"凡与剿匪有关的匪首、恶霸、大特务,可由军区、军分区的军事法庭判处死刑;凡与剿匪无关的反革命重要分子,则由地方法院及军管会的军法处判处死刑;乡村普通恶霸及不法地主,则由农民斗争、监视及由人民法庭判刑"。① 此种划分,据

<hr />

① 逄先知、冯蕙:《毛泽东年谱(一九四九——一九七六)》(第一卷),中央文献出版社,2013,第 286～287 页。

笔者理解,甚是科学。当时的剿匪,具有军事斗争的性质,由军事法庭审判与剿匪有关的案件,理所当然;但与剿匪无关的其他犯罪分子,与其之间的斗争已丧失军事的性质,交由地方法院管辖和审判,完全合乎现代司法理念。在镇压反革命活动的始终,毛泽东尊重司法体制的想法和做法都没有发生变化,在1952年1月4日,他审阅中共中央华东局1月2日关于大贪污犯逮捕权及判决权回复山东分局并向中央请示的报告时作了如下重点批示:"对贪污犯的判处徒刑和死刑,应该经过司法机关并按惩治贪污条例办理"。① 最后,还需要说明的是,毛泽东对司法体制的了解和尊重其实还体现在他对司法体制的建立上。1950年8月19日,他在为转发中共中央华东局8月17日关于组织人民法院的指示,起草给各中央局、分局的批语中,对华东局组建人民法院的做法表示肯定和赞赏,并要求在各中央局和分局中予以贯彻和推广。② 这

① 逄先知、冯蕙:《毛泽东年谱(一九四九——一九七六)》(第一卷),中央文献出版社,2013,第463页。

② 逄先知、冯蕙:《毛泽东年谱(一九四九——一九七六)》(第一卷),中央文献出版社,2013,第174页。

就为新中国成立后在一段较短时间内建立完整的基层人民司法审判机构和体制提供了指导。

第七,以法治方式或手段开展重大工作。新民主主义社会是一个过渡到社会主义社会的历史时期。既然是向社会主义过渡,那么经济基础的改变就是最为重要和根本。于是,农业、手工业和资本主义工商业的社会主义改造在新中国成立不久就被提上了议事日程。对资本主义工商业的改造,是以国家资本主义为切入点的。所谓国家资本主义,毛泽东将其定义为"在人民政府管理下的和社会主义经济联系着的并受其领导的受工人监督的资本主义"。① 可见,在毛泽东所定义或理解的国家资本主义中,"在人民政府管理下""受社会主义经济领导"和"受工人监督"为三项必不可少的条件或前提。其中我们也可以看出,被管理、受领导和受监督,实质上构成了国家资本主义与一般意义上的资本主义的不同之处。但是,如何管理、领导和监督资本主义,就成为国家资本主

---

① 逄先知、冯蕙:《毛泽东年谱(一九四九——一九七六)》(第二卷),中央文献出版社,2013,第121页。

义框架内制度建设的核心内容。

毛泽东认为,要实现对资本主义的管理、领导和监督,必须借助法治的手段,必须通过建立健全法制的方式来实现。于是,他要求,在利用、限制和改造资本主义工商业的时候,应当"修改过去法令,创制一些新的法令"。1953年6月29日晚,他在讨论《关于利用、限制和改造资本主义工商业的若干问题(修改稿)》时,又明确地提出"关于资本主义工商业的改造问题,七月要搞出几个具体文件,包括法令"。① 学术界一直有这样一种观点,认为毛泽东在开展各项重大工作的时候,往往借助群众性的、运动式的工作模式,并不看重法律的重要作用,此一事例在笔者看来是对这类观点的有力反驳。

2. 民主法治的方法论思想

民主立法的思想,在青年毛泽东那里便已经初露端倪。譬如青年毛泽东曾一度受到康有为、梁启超等改良派君主立宪思想等影响,主张施行变法图强的改良主义,

---

① 逄先知、冯蕙:《毛泽东年谱(一九四九——一九七六)》(第二卷),中央文献出版社,2013,第121页。

并进而实现自己的救国理想。他曾讲:"今日之中国,应像英日等国一样,宪法为人民所制定,君主为人民所拥戴",借此取代以前的"法令为君主所制定,君主非人民所心悦诚服"。①不过我们可以发现,毛泽东的立宪思想与康有为和梁启超的改良主义又有重大不同:在康、梁二人那里,宪法依然应从皇帝那里产生,而毛泽东却认为人民是宪法的制定主体;换言之,是否坚持民主立宪的观点是毛泽东与康、梁二人之间的重大不同。后来,毛泽东还曾经历过一个资产阶级民主主义法律观的历史时期,笃信"主权在民"的资产阶级法律思想,并试图在1920年湖南省宪运动中实践,如在他所设计的"湖南共和国"中,人民是国家的主人,国家主权的神圣化,在于它的人民性。再到后来,随着湖南省宪运动的失败,毛泽东"湖南共和国"的理想随之破产。由此而来的,是毛泽东对自己以往思想的批判和总结。经过批判和总结,毛泽东的法律思想,包括其民主立法的思想,逐渐褪去资产阶级民主主义的

---

① 汪澍白、张慎恒:《毛泽东早期哲学思想探原》,中国社会科学出版社,1983,第42页。

色彩,向马克思主义转变的过程正式开始了。

民主立法实是毛泽东在新中国成立之后法治工作中所创制的首要方法论原则,在其所有的有关法律和法学的思想和活动中,民主立法的方法论原则随处可见。这里仅选取1950年《土地改革法》中的一个具体条文即第六条为例。《土地改革法》第六条规定:"保护富农所有自耕和雇人耕种的土地及其他财产,不得侵犯。富农所有之出租的小量土地,亦予保留不动;但在某些特殊地区,经省以上人民政府的批准,得征收其出租土地的一部或全部。半地主式富农出租大量土地,超过其自耕和雇人耕种的土地数量者,应征收其出租的土地。"

新中国成立前,根据1947年《土地法大纲》的有关规定,彻底平分土地的方针也适用于富农,于是富农的土地被平分,多余的牲畜、农具、农屋、房屋、粮食等也被征收了,富农处于被消灭的法律地位。战争的环境和条件,既建立又加固了消灭富农的政策。新中国成立,战争已然趋于结束,和平建设迫在眉睫。为改革生产关系,解放生产力,新区范围内土地法制建设被提到了议事日程之中。根据相关文献资料的记载,对于关涉富农的那个条款即后来的《土地改革法》的第六条,毛泽东先后做出了如下大量的、具体的工作:1949年12月4日,毛泽东在中央政治局会议上发表讲话,要求即将开始的土地改革应分地主和富农两个阶段进行,且应与资产阶级进行合作;[①]1949年12月6日,毛泽东开始访苏。访苏期间,就如何对待富农的问题,他征求了斯大林的意见。斯大林提议说,应把分配地主土地和分配富农土地分两个较长的阶段来做。在法令上,不要肯定农民分配富农多余土地的要求。斯大林认为,在打倒地主阶级时,应当中立富农,并使生产不受影响。斯大林的意见,与毛泽东不谋而合。[②] 1950年2月7日,毛泽东和周恩来致电刘少奇,要求刘少奇暂缓发表新区土地改革征粮指示草案的第四部分即土地改革部分,等其归国后再作计议。[③]

毛泽东归国后,就此问题即未来的《土地改革法》如

① 《毛泽东文集》第六卷,人民出版社,1999,第25页。
② 逄先知、金冲及:《毛泽东传(1949～1976)》(上),中央文献出版社,2003,第86页。
③ 逄先知、金冲及:《毛泽东传(1949～1976)》(上),中央文献出版社,2003,第86页。

何对待富农的问题又开展了大量的工作,充分体现出他贯彻民主立法的方法论原则。

1950年3月12日,毛泽东致信邓子恢等同志,要求他们在正在召开的各省负责同志会议上征询对待富农策略问题的意见;[①]3月30日,中共中央向各中央局、分局和省委征求意见,就十四个问题征求意见,其中与富农政策有关的问题占近一半;[②]4月28日,毛泽东致信饶漱石等人,请华东局和中南局先各自起草一个土地法草案,先行观察华东和中南两地对富农的态度;[③]6月4日,毛泽东致信刘少奇,就他建议的《土地改革法》"消灭封建制度保存富农经济的方针"进行了解释和说明;[④]6月6日,毛泽东在七届三中全会上作报告,强调"对待富农的政策应有所改变",应"变为保存富农经济的政策",这次会议上富农政策成了讨论的重点;[⑤]七届三中全会闭幕

①　《毛泽东文集》第六卷,人民出版社,1999,第47页。
②　逄先知、金冲及:《毛泽东传(1949~1976)》(上),中央文献出版社,2003,第88页。
③　《毛泽东文集》第六卷,人民出版社,1999,第55页。
④　《毛泽东文集》第六卷,人民出版社,1999,第65页。
⑤　《毛泽东文集》第六卷,人民出版社,1999,第70页。

后,毛泽东又将《土地改革法》草案在党内外继续征求意见,对之进行不断的修改;6月21日,经毛泽东审定的《土地改革法》草案又进行了一次集中的修改;6月28日,中央人民政府委员会讨论通过了《中华人民共和国土地改革法》。

对此,有学者认为,"如果把土地改革法关于保存富农经济的规定,同毛泽东最先提出保存富农经济的思想作一个比较,可以看出,经过党内外充分的民主讨论,集思广益,毛泽东和中共中央对这个问题的决策,经过反复讨论而最后达到完全一致。在此过程中,充分体现民主精神。这种民主精神不仅表现在最初广泛征求党内各种不同的意见,也表现在七届三中全会上的充分讨论和各抒己见,又表现在全国政协会议中的民主讨论和听取各方面的意见,堪称为'民主决策的一个范例'"。① 笔者以为,此种论断,堪称允当。

后来,毛泽东回忆《土地改革法》有关富农政策的立

① 逄先知、金冲及:《毛泽东传(1949~1976)》(上),中央文献出版社,2003,第92页。

法选择时,也颇为满意。他在中国共产党第八次全国代表大会第一次会议的讲话中,曾以此为例,提到"正如我们在土地改革中间对待富农一样,我们不动富农,中农就安心"。① 而在八大预备会议第二次会议上又回忆道:"在井冈山时我提的那个土地法很蹩脚,不是一个彻底的土地纲领。"②可以看出,在他所经历的所有的土地立法中,《土地改革法》是最成功的,是他引以为豪的,这是他坚持并实践了民主立法的缘故。

毛泽东民主立法思想在新中国成立后的大规模立法活动中,是一以贯之的。除刚才提到的《土地改革法》外,宪法也是一个著名的例子。据学者们的统计,宪法草案颁布前,根据毛泽东的工作安排,先后对宪法草案以座谈讨论的方式发表意见的代表人物有 8000 多人;宪法草案颁布后,响应毛泽东"征求全国人民的意见"的要求,有 1.5 亿人对宪法草案提出了自己的看法。故而,又有学者将 1954 年宪法的制定赞誉为"一场伟大的人民

---

① 《毛泽东文集》第七卷,人民出版社,1999,第 97 页。
② 《毛泽东文集》第七卷,人民出版社,1999,第 106 页。

制宪运动"。① 到宪法草案获得通过前夕,即在 1954 年 6 月 14 日中央人民政府委员会第三十次会议上,毛泽东还特别强调"起草宪法采取了领导机关的意见和广大群众的意见相结合的方法。公布以后,还要由全国人民讨论,使中央的意见和全国人民的意见相结合。一切重要的立法都要采用这个方法"。②

3. 民主执法和司法的方法论思想

其实,毛泽东的民主立法思想已经远远超出立法领域,就连执法和司法领域亦有贯彻。如为了进一步健全社会主义法制,1957 年 2 月 27 日,毛泽东曾要求对肃反工作进行一次全面的检查,"发现了错误,一定要改正","无论公安部门、检察部门、司法部门、监狱、劳动改造的管理机关,都应该采取这个态度"。为能更好更多地发现错误,毛泽东提议,"人大常务委员、政协委员、人民代表,

---

① 熊辉:《论毛泽东的法制思想》,载《理论导刊》2004 年第 3 期,第 59 页。

② 逄先知、冯蕙:《毛泽东年谱(一九四九———一九七六)》(第二卷),中央文献出版社,2013,第 250 页。

凡是有可能的,都参加这样的检查"。① 而在此之前,即
1956年,"在个别地方发生了少数工人学生罢工罢课的事
件。这些人闹事的直接的原因,是有一些物质上的要求
没有得到满足"。毛泽东认为,"对于闹事的带头人物,除
了那些违犯刑法的分子和现行反革命分子应当法办以
外,不应当轻易开除",对于那些"少数不顾公共利益、蛮
不讲理、行凶犯法的人","必须给予必要的法律的制裁。
惩治这种人是社会广大群众的要求,不予惩治则是违反
群众意愿的"。②

再如在1959年12月至1960年1月,他曾就读苏联
《政治经济学教科书》发表了一系列谈话,其中强调苏联
《政治经济学教科书》一大不足之处是在讲"苏联劳动者
享受的各种权利时,没有讲劳动者管理国家、管理军队、
管理各种企业、管理文化教育的权利"。因为在"实际上,
这是社会主义制度下劳动者最大的权利,最根本的权利。
没有这种权利,劳动者的工作权、休息权、受教育权等等

---

① 《毛泽东文集》第七卷,人民出版社,1999,第219页。
② 《毛泽东文集》第七卷,人民出版社,1999,第236～237页。

权利,就没有保证"。①

　　毛泽东民主执法和司法的方法论思想,较为典型和集中的表现是在 20 世纪 50 年代初的土地改革和镇压反革命运动中。1951 年 2 月 18 日下午,毛泽东主持的中共中央政治局扩大会议通过了他起草的《中共中央政治局扩大会议决议要点》。在该要点的第四条中,特别强调在镇压反革命运动中,"判处死刑一般须经过群众,并使民主人士与闻"。② 自此以后,以"群众同意"和"民主人士与闻"为切入点,实现民主执法和司法的理念一直贯彻镇压反革命运动的始终,毛泽东先后多次申明这一理念。2月 27 日,毛泽东就剿匪问题致电叶飞等人并告陈毅和饶漱石,提出"对于一切为人民痛恨的匪首、惯匪及恶霸,必须在人民同意下坚决迅速地处以死刑,是为至要"。③ 3月 30 日,毛泽东为转发中共中央中南局 3 月 22 日关于加

①　《毛泽东文集》第八卷,人民出版社,1999,第 129 页。
②　逄先知、冯蕙:《毛泽东年谱(一九四九——一九七六)》(第一卷),中央文献出版社,2013,第 304 页。
③　逄先知、冯蕙:《毛泽东年谱(一九四九——一九七六)》(第一卷),中央文献出版社,2013,第 308 页。

强镇反宣传工作的指示,起草给各中央局、各大军区并转发至地委和地方军区一级的批语,在该批语中,毛泽东认为镇反宣传工作,应当"引导广大群众、各界民主人士参加镇反工作,真正与闻其事"。①,同日,毛泽东在另一份报告的批语中写道:"土改、镇反两项工作,也必须使各民主党派、民主人士参加,越多越好。""只要他们愿意去,就要欢迎他们去。不要怕他们去,不要向他们戒备,因为他们不是反动派。好的坏的,都让他们去看,让他们纷纷议论,自由发表意见,只有好处,没有坏处。至于城市中的镇反工作,更要让他们参加"。②

在毛泽东看来,就土地改革和镇压反革命而言,那种不使民主党派和民主人士参与、不使人民群众知道的想法和做法是完全错误的,所犯的是"关门主义"和"神秘主义"的错误,必须予以打破。③

---

① 逄先知、冯蕙:《毛泽东年谱(一九四九——一九七六)》(第一卷),中央文献出版社,2013,第319~320页。

② 逄先知、冯蕙:《毛泽东年谱(一九四九——一九七六)》(第一卷),中央文献出版社,2013,第320页。

③ 逄先知、冯蕙:《毛泽东年谱(一九四九——一九七六)》(第一卷),中央文献出版社,2013,第328页。

为打破土地改革和镇压反革命中的"关门主义"和"神秘主义",彻底体现民主执法和司法的法治方法论思想,毛泽东不仅在指导思想中给予已如上述的思想指导,而且还具体地展开了一系列制度设计并努力予以推广。1951年5月7日,毛泽东为转发谭震林5月1日关于杭州市逮捕反革命分子情况的报告,起草给各中共中央局、分局并转省委、区党委、大中城市市委的批语。毛泽东在批语中对党外人士"与闻"作出了具体的制度设计。他认为,应当"吸收党外人士参加审查反革命案卷",对此,"各地必须认真地做"。① 根据毛泽东的指示,在土地改革和镇反运动中,各地逐渐注意吸引民主党派和民主人士参加,并收到了初步的效果。同时毛泽东还意识到,在有些地方仍然"不敢邀请党外人士参加审判委员会和我们共同审判反革命。结果恰好相反,愈是打破了关门主义的地方,情况愈好"。很多地方"不敢邀民主人士、工商业者、大学教授、中学教员分批地大量地看土改,看杀反革

---

① 逄先知、冯蕙:《毛泽东年谱(一九四九———一九七六)》(第一卷),中央文献出版社,2013,第336页。

命。叫他们去看,也只让他们看好的,不敢让他们看坏的,存在着严重的关门主义。结果又相反,凡去看了的,回来都是好话,都有进步"。①

可以看出,毛泽东对邀请民主党派和民主人士参加反革命案件审查委员会是持肯定态度的。1951 年 5 月 19日,毛泽东为转发中共无锡市委关于组织民主人士参加反革命案件审查委员会情况的报告,起草给各中央局并转发至县委一级的批语,在该批语中,毛泽东开始推广使用该种民主执法和司法方式,他写道:"关于审查案卷方面,华东各地根据华东局的指示组织了'反革命案件审查委员会'。无锡实行的结果很好,各地都应仿照办理。实行这种方法,民主人士真正得到了学习机会,去掉了怀疑,和我党更加靠拢,我党也就更加生动了"。② 毛泽东一方面肯定了邀请民主人士参加反革命审查委员会这种使民主人士与闻的工作方法,另一方面还认为使民主人士

① 逢先知、冯蕙:《毛泽东年谱(一九四九——一九七六)》(第二卷),中央文献出版社,2013,第 341~342 页。

② 逢先知、冯蕙:《毛泽东年谱(一九四九——一九七六)》(第二卷),中央文献出版社,2013,第 345 页。

与闻的工作方法远不止这一种，"使民主人士与闻镇反工作，要求一些具体形式"。① 毛泽东特别希望，各地的党委能够在这些"具体形式"上不断地创新，以期以更加民主的方式推进土地改革和镇压反革命运动。

此外，毛泽东在新中国成立后的法律思想中，民主法治思想往往与民主集中制联系在一起。在他眼中，"我们的国家制度是人民民主专政，民主是商量办事，不是独裁，但集中是必要的。现在还有对敌斗争"。例如，"拘留条例主要是对付反动分子。对敌人是专政，要压迫他。对地主要剥夺财产，取消政治权利。几个民主阶级在共产党领导下压迫帝国主义分子、地主分子，我们是'即以其人之道，还治其人之身'，'以暴易暴'，'党同伐异'"。②

4. 注重法的实效性

毛泽东对法的实效性的重视，可以在《共同纲领》、1954 年宪法、《婚姻法》和《土地改革法》等新中国成立前后重要法律的实施中得出结论。

---

① 逄先知、冯蕙：《毛泽东年谱（一九四九——一九七六）》（第一卷），中央文献出版社，2013，第 345 页。
② 《毛泽东文集》第六卷，人民出版社，1999，第 387～388 页。

第一，关于1954宪法的实效性。早在起草1954年宪法草案时，毛泽东就特别注重宪法颁行后的实效性问题。他认为，要确保未来的宪法在实效性上不打折扣，必须使宪法"充分表达我国逐步过渡到社会主义社会这一根本要求"。他说："这个宪法，是以《共同纲领》为基础，加上总路线，是过渡时期的宪法，大概可以管十五年左右。我们的宪法是过渡时期的宪法，我国的各种办法大部分是过渡性质的。人民的权利，如劳动权、受教育权等，是逐步保证，不能一下子保证。我们的选举，也是过渡性质的选举，普遍算是普遍了，但也有限制，地主没有选举权，也不完全普遍。我们只有基层选举是直接的，其余都是间接的。总之，我们的办法不那么彻底，因为是过渡时期。人们的权利和义务，也有过渡时期的特点。支票开得好看，但不能兑现，人民要求兑现，怎么办？还是老实点吧！"①

第二，关于《婚姻法》的实效性。作为能够直接推动新中国成立后中国立法事业的领导人，毛泽东并没有沉

---

① 逄先知、冯蕙：《毛泽东年谱（一九四九——一九七六）》（第二卷），中央文献出版社，2013，第228页。

浸于大规模空前立法的兴奋中,而是十分清醒地认识到了法的实效性问题,并从法哲学的高度给予了指导性的解读。譬如1956年10月12日,他会见南斯拉夫妇女代表团团长申特尤尔茨和南斯拉夫驻华大使波波维奇时曾说:"宪法还只是写在纸上的东西,实际的执行同宪法的条文还有差别","妇女的权利在宪法中虽然有规定,但是还需要努力执行才能全部实现"。[1]"妇女解放、男女平等现在还只是开始,真正平等要到社会主义,几十年以后"。[2]实现妇女解放、男女平等的具体途径,正如于1955年为《中国农村的社会主义高潮》所写的按语所说的,应"发动广大的妇女群众参加生产活动"并"实现男女同工同酬"的原则,[3]最终在劳动中解放妇女。

再如,1957年3月7日,毛泽东在同普通教育工作者座谈时,提出"学生谈恋爱的风气应当加以扭转。婚姻法有关结婚年龄的规定不必修改,但要劝青年晚点结婚"。[4]

---

① 《毛泽东文集》第七卷,人民出版社,1999,第150页。
② 《毛泽东文集》第六卷,人民出版社,1999,第491页。
③ 《毛泽东文集》第六卷,人民出版社,1999,第452~453页。
④ 《毛泽东文集》第七卷,人民出版社,1999,第247页。

换言之,毛泽东并不是一位"法律万能主义者",一方面他并不认为所有的社会问题都应当归咎于法律的不完善并进而应当通过法律进行解决;另一方面他也认识到立法乃是一种稀缺资源,不可以动辄诉诸立法来解决所谓的所有的社会问题。他的此种法的实效性思想,由于深嵌内心,故时常"自动出现"。就在他同普通教育工作者座谈的数日后,即1957年3月10日,他在全国宣传工作会议期间与新闻出版界部分代表谈话时,依然不忘提醒新闻出版工作者,希望他们对政策性问题进行宣传时能够拿捏得当,正确地引导,"比如,你们说的节育和晚婚的宣传,报上文章一多了,有人就以为要修改婚姻法,赶快去结婚"。①

第三,关于《土地改革法》的实效性。在《土地改革法》颁行前夕,毛泽东于1950年6月28日主持召开中央人民政府委员会第八次会议,在此次会议上,当刘少奇作完关于《土地改革法》的报告后,他特别交代:"在土改法颁布之后,如关于农民协会、人民法庭以及划阶级等问

---

① 《毛泽东文集》第七卷,人民出版社,1999,第265页。

题,都须要有些文件来做说明。除了刘少奇副主席的报告可以当作说明书之外,各大行政区也还须要做出关于土改的实施步骤的说明,这是应当做的一个工作"。① 按照毛泽东的意思,在《土地改革法》颁行之后,中央和大行政区应当出台或发布一系列文件对土地改革工作予以详实的说明,甚至包括具体的实施步骤。笔者理解,此举其实是为《土地改革法》配套各有关方面的规范性文件,其目的是依然借助配套的文件或说明书所确定的措施,增强《土地改革法》的可操作性,并进而实现《土地改革法》的实施效果。

谈到法的实效性,毛泽东深刻地认识到,法的实效性差,主要是作为上层建筑的法律不再适用经济基础要求所致。新中国成立后,我们党成为执政党之后,毛泽东的这个感触和认识更加深刻了。

1957年1月27日,他在省市自治区党委书记会议上的讲话中提到:"一定要守法,不要破坏革命的法制。法

① 逄先知、冯蕙:《毛泽东年谱(一九四九——一九七六)》(第一卷),中央文献出版社,2013,第159~160页。

律是上层建筑。我们的法律,是劳动人民自己制定的。它是维护革命秩序,保护劳动人民利益,保护社会主义经济基础,保护生产力的",基于此,应"要求所有的人都遵守革命法制",①不论是党内的,还是党外的。而他于1958年1月所起草的《工作方法六十条(草案)》中,第四十一条便是要求大家"学点历史和法学"。②毛泽东在他的名篇《关于正确处理人民内部矛盾的问题》中,重申了人民民主专政的法律,是"以马克思列宁主义为指导的社会主义意识形态","对于我国社会主义改造的胜利和社会主义劳动组织的建立起了积极的推动作用,它是和社会主义的经济基础即社会主义的生产关系相适应的"。③

到了1958年1月,他在起草《工作方法六十条(草案)》时,指出"上层建筑一定要适合经济基础和生产力发展的需要"。在当时的工作中,"政府各部门所制定的各种规章制度是上层建筑的一部分。八年来积累起来的规章制度许多还是适用的,但是有相当一部分已经成为进

---

① 《毛泽东文集》第七卷,人民出版社,1999,第197、198页。
② 《毛泽东文集》第七卷,人民出版社,1999,第359页。
③ 《毛泽东文集》第七卷,人民出版社,1999,第215页。

一步提高群众积极性和发展生产力的障碍,必须加以修改,或者废除".[1]

新中国成立后的百业待兴是自不必言的,不过,毛泽东对待立法的认真态度及其对法的实效性的看重,使得他对立法议题的采用保持着警醒和谨慎的工作方法,凡没有充分准备好的立法议题,他一般采取了推迟的措施。如1953年4月13日他在审阅安子文4月11日关于清理登记全国革命烈士问题的报告和一个革命烈士清理登记办法(草案)时,明确批复道:"此事因涉很广,今年工作太多,以推迟至一九五四年举行为宜".[2]

5. 设定地方立法权的可能和权限以及比较立法的方法论思想

在我国,中央与地方的关系如何,一直都是历史研究的重大课题。新中国成立后,毛泽东是以宪法作为出发点来理解地方与中央的关系并进而赋予地方以立法权的。他说,"我们的宪法规定,立法权集中在中央。但是在不违背

---

① 《毛泽东文集》第七卷,人民出版社,1999,第353页。

② 逄先知、冯蕙:《毛泽东年谱(一九四九——一九七六)》(第二卷),中央文献出版社,2013,第82页。

中央方针的条件下,按照情况和工作需要,地方可以搞章程、条例、办法,宪法并没有约束。我们要统一,也要特殊"。①

在毛泽东看来,赋予地方立法的权利,一方面要特殊,不可以抹杀地方的特殊性,不可以消解地方的积极性;但另一方面也要注重维护中央立法的权威性,使得中央和地方两个积极性都能得到发挥。

在1954年6月11日宪法起草委员会第七次会议上,民主人士何香凝曾提出"中央要集权,才能迅速及时处理国家大事"的问题,毛泽东回答道:"你这个意思是好的。中央的权力宪法规定得很够了。我们和帝国主义国家不同,我们是把权力的主要首脑放在全国人民代表大会常务委员会,政府是它的执行机关。政府的权力也是很大的,并不是权力小。我们是中央集权,不是地方分权。一切法律都要中央来制定,地方不能制定法律。中央可以改变地方的决定,下级要服从上级,地方要服从中央"。②

① 《毛泽东文集》第七卷,人民出版社,1999,第32页。
② 逄先知、冯蕙:《毛泽东年谱(一九四九———一九七六)》(第二卷),中央文献出版社,2013,第248页。

刚才所举的例子是特殊的,下面列举两个要统一的例子。一个是 1959 年 6 月 29 日和 7 月 2 日,毛泽东就 1959 年 6 月 29 日去庐山出席中央政治局扩大会议途中在船上同协作区主任委员的谈话和 7 月 2 日在庐山中央政治局常委扩大会议上的讲话,梳理总结了"十八个问题",其中之十为"体制问题"。毛泽东认为当时的"'四权'①下放多了一些,快了一些,造成混乱,有些半无政府主义。要强调一下统一领导、集权问题。下放的权力,要适当收回,收回来归中央、省市两级。对下放要适当控制。反对无政府主义,不是说现在是完全无政府主义,而是说有些半无政府主义。说得过死不好,过活也不好。现在看来,不可过活"。② 实际上,早在新中国成立后不久,毛泽东便已经开始思考中央和地方的分工问题,如 1949 年 12 月 2 日晚,毛泽东在主持中央人民政府委员会第四次会议时,就已经指出"应该统一的必须统一,决不许可各自为政,但是统一和因地制宜必须相互结合。在

---

① 指人权、财权、商权和工权。
② 《毛泽东文集》第八卷,人民出版社,1999,第 80 页。

人民的政权下,产生像过去那样的封建割据的历史条件已经消灭了,中央和地方的适当的分工将有利而无害"。①毛泽东以上的思考,其实为新中国成立后中央立法和地方立法的分工做了铺垫或准备。

另一个例子是1959年4月7日,毛泽东致信当时的中央统战部副部长、国家民委副主任汪锋,要求他尽快调查一下在西藏"贵族对农奴的政治关系",如"贵族是否有杀人权?是否私立审判,使用私刑?"②4月15日,他在第十六次最高国务会议上发表讲话时,还专门谈到了没收西藏地方贵族"法鞭"之后群众"皆大欢喜"的情形。③

毛泽东还曾以对企业的管理权限为切入点,谈及中央与地方的分权。他的观点是,虽然都是全民所有制的企业,有的由中央部门直接管理,有的由省、市和自治区管理,有的则是由地区甚至是县进行管理。"归谁管,归哪级管,只要一个积极性还是要两个积极性,这是个很

① 逄先知、冯蕙:《毛泽东年谱(一九四九——一九七六)》(第一卷),中央文献出版社,2013,第54~55页。

② 《毛泽东文集》第八卷,人民出版社,1999,第38页。

③ 《毛泽东文集》第八卷,人民出版社,1999,第43页。

大的问题,是整个社会主义时期进行社会主义建设过程中要经常注意解决的很关重要的问题"。① 后来,毛泽东在谈及 1954 年宪法所设计的相关法律制度时,对中央和地方之间的关系,形象地描述为"中央议事,地方办事"。②

对于后来中央立法和地方立法存在不统一甚至相互矛盾的现象,特别是部分中央立法和地方立法与 1954 年宪法不一致的现象,在刚刚通过 1954 年宪法不久之后,即 1954 年 10 月 17 日,毛泽东在中共中央统战部的一份材料上作出重要批示,他指出:"从宪法的规定看,中央和地方颁布的法令中有问题的不少,对这些有问题的法令,由全国人大常委会处理还是由政府处理,应加以确定"。③ 这表明在宪法刚刚生效不久,为维护国家法治的统一和宪法的权威,毛泽东已经开始考虑宪法实施以及其他上

---

① 《毛泽东文集》第八卷,人民出版社,1999,第 138 页。
② 逄先知、冯蕙:《毛泽东年谱(一九四九——一九七六)》(第二卷),中央文献出版社,2013,第 229 页。
③ 逄先知、冯蕙:《毛泽东年谱(一九四九——一九七六)》(第二卷),中央文献出版社,2013,第 299 ~ 300 页。

位法和下位法与宪法相抵触时的技术制度设计。在新中国成立和颁行宪法不久之后,毛泽东就能有这样的思考,实属难得!

　　许多人只是熟知毛泽东向苏联学习借鉴法律思想和法律制度的想法和做法,却不知毛泽东也曾以恢宏的气魄和胸襟,主张研究美国的法律思想和法律制度。譬如上述地方应否享有立法权的问题,毛泽东曾明确要求研究一下美国联邦立法与州立法之间的冲突及其解决机制,他说,美国的州可以立法,州的立法甚至可以和联邦宪法打架,这些都是可以研究的。[①] "每个民族都有长处,都有缺点。各国经验可以相互交换,哪一个民族都有自己的经验。美国也是个了不起的民族,历史如此短,发展如此快"。[②] 由此可见,毛泽东比较立法的思想不可谓不全面:既研究当时最发达的社会主义国家苏联的法律思想和法律制度,又研究当时最发达的资本主义国家美国

---

① 逢先知、冯蕙:《毛泽东年谱(一九四九——一九七六)》(第二卷),中央文献出版社,2013,第299~300页。

② 逢先知、冯蕙:《毛泽东年谱(一九四九——一九七六)》(第二卷),中央文献出版社,2013,第517页。

的法律思想和法律制度。

　　毛泽东比较立法的视野并没有仅仅局限于美、苏两大国,更没有因为中国隶属社会主义阵营而对资本主义阵营中的资产阶级法治采取完全排斥的态度,而是几乎放眼于全世界,"取其精华,去其糟粕"并结合中国实际国情而拿来使用,是其比较立法方法论的思想主线。在他看来,"任何一个国家、民族都有其自己的优点和长处,我们要通过研究,认识和学习别国的长处。资本主义国家的长处也要学。资本主义的政治不能学,但是他们在经营管理、生产建设中的好经验,值得我们学习。学是为了用,要把学到的好的东西运用到国内建设中来"。[1] 所以,按照毛泽东的观点,在决定是否学习之前,首先应当对学习对象进行研究,以增加认识,然后再决定是否进行学习;经过研究,发现不适用于中国国情的,则不应当采用。如在 1950 年 6 月 29 日,毛泽东就《关于土地改革问题的报告》致信刘少奇,就当今世界各主要国家的土地法律制

---

[1]　逄先知、冯蕙:《毛泽东年谱(一九四九——一九七六)》(第一卷),中央文献出版社,2013,第 101 页。

度进行过对比式分析,以决定是否可以参照别国实践来进行中国的土地制度改革。他说:"资本主义国家,只有法国在拿破仑第一时代及其以前比较彻底地分配了土地。英国是经过资本主义入侵农村破坏了封建的土地所有制,并不是我们这样的土地改革。德国、意大利大体也是如此,但比英国还不彻底,还保存了很多封建遗踪。日本则封建的土地制一直严重地存在,直至日本投降后才由美国人进行一种极不彻底的'土地改革',现在仍有严重的封建主义。美国则从来没有封建主义,由欧洲移民进去一开始就生长资本主义的农业,故农村市场特别广大。只有林肯时代解放美国南部几州的农奴,是一种反奴隶制的斗争。各国历史既如此复杂,大都和我国现在这样先进行土改,后发展工业的情况不相同,故以不写国际历史一段为宜。国际历史和中国相同者,只有苏联及各新民主国家"。[1]

应该说,毛泽东比较立法的法治方法论思想,是他对

① 逄先知、冯蕙:《毛泽东年谱(一九四九——一九七六)》(第一卷),中央文献出版社,2013,第160页。

待和处理中国与外国之间的关系的思想在法治领域中的一种具体表现,从《论十大关系》中所论的第十个关系即"中国和外国"的关系可以体会到他的比较立法的方法论原则:"我们提出向外国学习的口号,我想是提得对的。我们的方针是,一切民族、一切国家的长处都要学,政治、经济、科学、技术、文化、艺术的一切真正好的东西都要学。但是,必须有分析有判断地学,不能盲目地学,不能一切照抄,机械搬用。自然科学方面,我们比较落后,特别要努力地向外国学习。但是也要有批判地学,不可盲目地学。外国资产阶级的一切腐朽制度和思想作风,我们要坚决地抵制和批判。但是,这并不妨碍我们去学习资本主义国家的先进的科学技术和企业管理方法中合乎科学的方面"。①

6. 重视法制的宣传教育

法律的生命在于实施,法律欲想获得良好的预期的实施效果,就必须为社会公众(包括但不限于调整对象)

---

① 逄先知、冯蕙:《毛泽东年谱(一九四九——一九七六)》(第二卷),中央文献出版社,2013,第568~569页。

所知晓,社会公众不仅要知晓法律的主要内容或核心的制度设计,更要对法律颁行的重要性、必要性及其意义有所认同,否则,人们怀着完全未知的态度或强烈抵触的情绪,法律的实施效果一定会大打折扣。因此,对法律的宣传和教育就成为一项极为重要的工作。毛泽东在新中国成立之后一方面倡导大规模的立法活动,另一方面并不失时机地开展法制宣传教育。

比如,《惩治反革命条例》于1951年2月21日公布后,毛泽东对该条例的宣传教育极为重视,他对中共察哈尔省委拟要求"各区普遍召开一次各界代表会议,各村普遍举行若干次各基层的座谈会,讲解《惩治反革命条例》,使群众明了政策"的做法很是赞同,并要求各中央局直至县委推行此种做法。[①] 毛泽东对《婚姻法》的重视和关注,一直以来为法学界所称道。毛泽东不仅对《婚姻法》的立法给予全过程的支持,对《婚姻法》的宣传教育也是关心备至。如1953年3月15日,毛泽东阅读了中央贯彻婚姻

---

① 逄先知、冯蕙:《毛泽东年谱(一九四九——一九七六)》(第一卷),中央文献出版社,2013,第342页。

法运动委员会办公室当月编制的《贯彻婚姻法运动情况简报》的第十一号,阅读完毕之后,他向有关负责人员作出重要批示,并具体要求"简报上的许多材料,都应当公开报道,并发文字广播,三五天一次,方能影响运动的正确进行"。[①]

① 逄先知、冯蕙:《毛泽东年谱(一九四九——一九七六)》(第二卷),中央文献出版社,2013,第58页。

结　语

通过以上的梳理和分析,不难看出毛泽东在新中国成立后于法治建设的四个最为重要的领域(宪法、刑事法、民事法和法学方法论)都做出了卓越的创造性的贡献,探索了社会主义中国法治建设的实践方向,并为以后中国法治建设提供了理论营养。直到今天,中国法治建设领域的某些重大理念、制度、方法,依然是毛泽东所创、所设。继承并发扬毛泽东所做出的法治建设领域的创造性贡献,对中国特色社会主义法治国家的实现,无疑具有重大的指导意义。

居安思危·世界社会主义小丛书
（已出书目）

编号	作者	书　名	审稿人
1	李慎明	忧患百姓忧患党 ——毛泽东关于党不变质思想探寻	侯惠勤
2	陈之骅	俄国十月社会主义革命	王正泉
3	毛相麟	古巴：本土的可行的社会主义	徐世澄
4	徐世澄	当代拉丁美洲的社会主义思潮与实践	毛相麟
5	姜　辉 于海青	西方世界中的社会主义思潮	徐崇温
6	何秉孟 李　千	新自由主义评析	王立强
7	周新城	民主社会主义评析	陈之骅
8	梁　柱	历史虚无主义评析	张树华
9	汪亭友	"普世价值"评析	周新城

编号	作者	书　名	审稿人
10	王正泉	戈尔巴乔夫与"人道的民主的社会主义"	陈之骅
11	王伟光	马克思主义与社会主义的历史命运	侯惠勤
12	李慎明	居安思危：苏共亡党的历史教训	课题组
13	李　捷	毛泽东对新中国的历史贡献	陈之骅
14	靳辉明 李瑞琴	《共产党宣言》与世界社会主义	陈之骅
15	李崇富	毛泽东与马克思主义中国化	樊建新
16	罗文东	中国特色社会主义理论与实践	姜　辉
17	吴恩远	苏联历史几个争论焦点真相	张树华
18	张树华 单　超	俄罗斯的私有化	周新城
19	谷源洋	越南社会主义定向革新	张加祥
20	朱继东	查韦斯的"21世纪社会主义"	徐世澄
21	卫建林	全球化与共产党	姜　辉
22	徐崇温	怎样认识民主社会主义	陈之骅

编号	作者	书　名	审稿人
23	王伟光	谈谈民主、国家、阶级和专政	姜　辉
24	刘国光	中国经济体制改革的方向问题	樊建新
25	有林 等	抽象的人性论剖析	李崇富
26	侯惠勤	中国道路和中国模式	李崇富
27	周新城	社会主义在探索中不断前进	陈之骅
28	顾玉兰	列宁帝国主义论及其当代价值	姜　辉
29	刘淑春	俄罗斯联邦共产党二十年	陈之骅
30	柴尚金	老挝:在革新中腾飞	陈定辉
31	迟方旭	建国后毛泽东对中国法治建设的创造性贡献	樊建新
32	李艳艳	西方文明东进战略与中国应对	于　沛

图书在版编目（CIP）数据

建国后毛泽东对中国法治建设的创造性贡献/迟方旭著.—北京：
社会科学文献出版社，2015.1
　（居安思危·世界社会主义小丛书）
　ISBN 978 - 7 - 5097 - 6552 - 4

　Ⅰ.①建…　Ⅱ.①迟…　Ⅲ.①社会主义法制 - 毛泽东思想
研究 ②社会主义法制 - 建设 - 研究 - 中国　Ⅳ.①A841.64
②D920.0

中国版本图书馆 CIP 数据核字（2014）第 224531 号

居安思危·世界社会主义小丛书
建国后毛泽东对中国法治建设的创造性贡献

著　　者／迟方旭

出 版 人／谢寿光
项目统筹／祝得彬
责任编辑／仇　扬　徐　瑞

出　　版／社会科学文献出版社·马克思主义理论编辑部（010）59367004
　　　　　　地址：北京市北三环中路甲 29 号院华龙大厦　邮编：100029
　　　　　　网址：www.ssap.com.cn
发　　行／市场营销中心（010）59367081　　59367090
　　　　　　读者服务中心（010）59367028
印　　装／北京季蜂印刷有限公司

规　　格／开　本：787mm×1092mm　1/32
　　　　　　印　张：3.75　字　数：53 千字
版　　次／2015 年 1 月第 1 版　2015 年 1 月第 1 次印刷
书　　号／ISBN 978 - 7 - 5097 - 6552 - 4
定　　价／10.00 元